実践 国際取引法

山内惟介 編著

中央大学出版部

まえがき

　前著『国際手続法（上・中・下）』および『国際契約法』（中央大学出版部，1997～2000年）と同様，本書『実践 国際取引法』も中央大学法学部国際企業関係法学科3年次開設科目「国際取引法」の教材として刊行されるものである。ただ，以下に述べる理由から，わが国の裁判例と判例評釈を検討素材としている点において，本書の内容および位置付けは既刊の4点と異なっている。

　前著は，広義の国際取引法のうち特に手続と契約を取り上げ，各項目の範囲で可能な限り多くの争点を発見し，できるだけ緻密に争点を整理するよう努めることで，読者に学修上の参考資料を提供することを意図したものであった。そこで考慮されていたのは，各主題に関わる専門知識の体系的整理という視点であり，内外国の文献を読む際に国際取引法に関わる法律問題を独力で発見し，解決策を構想し得るような手法を提供することに主眼が置かれていた。むろん，こうした方法による整理の存在意義がその後まったくなくなったというわけではない。取引主体を扱う国際会社法や，私法的規律に対する公法的介入の体系を対象とする分野等が包括的な主題としてもなお残されているからである。

　それにも拘らず，従前の構成に代え，前著で示された争点の発見および整理という技術の応用例を本書で新たに示したのにはそれなりの理由があった。第一に，上述の技法を着実に消化した読者には各スキルの応用を図るための教材が早期に必要とされている。国際取引法も紛争解決に向けた実践的な知識と技法を提供する分野である以上，履修者の関心に応じた教材が絶えず開発されなければならないからである。第二に，法律構成の意味が言葉による説得にあるにも拘らず，内外の諸文献には説明や論証の点でなお疑問の残るものが少なくないという現実も考慮されている。多くの文献では特定の主張が優先されていながら，反対説からみても了解可能な客観的根拠付け（比較の第三項）はほと

— i —

んど述べられていないように見受けられたからである。

　国際取引法の学修においても，関連文献を批判的に読みこなし，建設的提言を行うには，争点を発見し，各争点につきしかるべき判断基準を発見したり創造したりする技術が欠かせない。教科書的記述から得られる体系的知識がどの程度有用かは実践を通じて繰り返し検証されなければならない。判断基準が不適切であれば基準の内容を変え，規律体系を変更する必要があろう。どの判断基準も，その存在意義を肯定するためにはつねにルールと適用例との間で相互検証作業を行うことが不可欠である。両者が相互補完関係にあるからである。体系的知識の整理に資することを意図した前著に対し，実践的応用例を示す本書は同じ技術を別の観点から説明するものであって，前著と本書とは初級と中級という関係に立つものではない。応用的側面に配慮した本書はこの点で新たな商品価値を持つことと思われる。

　本書では，最高裁平成12年1月27日判決（所有権移転登記手続等請求事件（下級審判決を含む）），東京地裁平成11年9月22日判決（損害賠償請求事件）および福岡高裁平成10年5月29日判決（和解金請求控訴事件）の3件と関連の評釈が検討されている。本書の目的からみて，検討素材は論理の飛躍が感じられる実例でなければならない。日常の社会事象から法律問題を発見し解決策を考える知識や技術の修得を国際取引法学修の目的と捉えれば，近年の裁判例が望ましい。本書の読者層を想定すれば，あまりに実務的で複雑な事案は避ける必要がある。そして何よりも各執筆者の問題関心を刺激する素材でなければ，興味を持って分析を続けることができない。素材選択の背景にはこのような種々の配慮があった。どの章でも，まず「判決（評釈）の結論と法律構成」で当該資料の到達点とそこに至る主な過程が概観される。次に「判決（評釈）の争点整理」において素材に即した争点整理が行われる。更に「判決（評釈）の分析と検討」で当該資料の問題点が指摘される。最後に「要約と課題」で各章の内容が整理され，新たな課題に言及される。各章の作業過程を追体験することで読者はどの素材にもそれぞれに疑問の余地があることを明確に理解でき，学修済みの知識と技術を実践的に応用できるようになろう。このほか，国際取引実

まえがき

　務との接点に配慮して，卒業生との間でなされた対話の成果も末尾に収録されている。
　本書の執筆に参加したのは 2000 年度「専門演習（国際企業法）」の履修者 6 名であり，原稿全体の調整は浅利朋香氏により行われた。執筆者の工夫が読者の側で深い思索を進めるための一助となれば幸いである。

　　2001 年 3 月 25 日

　　　　　　　　　　　　　　　　　　　　　　　　　執筆者を代表して
　　　　　　　　　　　　　　　　　　　　　　　　　山　内　惟　介

凡　　例

(1) 争点の発見および整理に関する技術の着実な体得とその実践的応用力の向上を目的とする点で，本書と前著（『国際手続法（上・中・下）』および『国際契約法』）との間に実質的な差はない。本書でも実質的な争点を示すにあたり**ゴチック体**を用いた。本書各章の説明も，種々の制約の下で行われた担当者の工夫の例であり，これらと異なる争点の存在や整理の可能性も決して否定されていない。読者には，本書の説明を批判的に分析し，新たな争点を発見したり解決策を探求したりする作業を実践することが期待されている。

(2) 本書でも，前著と同様，結論の確認から出発し，その根拠を段階的に探求する帰納的方法が重視されている。理由を問い，根拠を尋ねるこの手法はそのつど何が判断基準とされていたかを確認することができる点で，執筆者の経験上，初学者にも容易に理解し得る方法と考えられたからである。判旨（評釈）を正しく理解することが分析上不可欠の前提となるため，叙述にあたってはまず判旨（評釈）の結論と法律構成の概要を摘記した（「Ⅰ　判旨（評釈）の結論と法律構成」）。判旨（評釈）がどのようなものかを客観的事実として把握するためである。次に，判旨（評釈）の結論を肯定する立場から各立論の根拠を段階的に示した（「Ⅱ　判旨（評釈）の争点整理」）。更に，判旨（評釈）における論旨の飛躍がどこにあるかを具体的に指摘した（「Ⅲ　判旨（評釈）の分析と検討」）。判旨（評釈）のそれとは異なる選択肢を提示することによって，読者に判断材料を提供するためである。最後に，各章の内容を整理し，読者の課題を明らかにするため，要約を付した（「Ⅳ　要約と課題」）。第1部ないし第3部の最後には，思索を深めるためのヒントをも兼ねて，質問事項を掲げた（「演習問題」）。

(3) 本書で頻用する下記の語句（**ゴチック体**表示部分）はそれぞれ以下の意味で

用いている。

争点 疑問文形式の問い掛け。問題点や論点のこと。二者択一型（適否等）と疑問詞型（5W1H）がある。前者の答は肯定か否定のみ。後者の答は個別的説明。複数の答の存在を前提にその間の優先順位が争われるので，争点という。何らかの事態を認める説と認めない説とが存在するとき，争点は「〜の認否」で表される。

争点の発見 何らかの答を出す前提となる争点を決めること。ある事項につき賛成と反対という2つの主張間で優劣を決める際の争点は「〜の賛否」である。争点を発見するには，争点の定義を想起しつつ，平叙文や疑問文の構成要素（主語，述語等）に着目すればよい。

争点の整理 複数の争点の間にどのような関係が成り立つかを説明すること。主張aへの賛否（争点①）はaが実在することを論理的前提とする。aの成否（争点②）はこの意味で争点①の前提的争点である。家系図や路線図を応用すれば，争点間の関連性を容易に整理できる。

争点の補充 複数の文章間に直接的な「前提と結果」等の関係を発見できない場合に，そうした関係が直接成立するよう，行間に争点と答から成るプロセスを必要な数だけ挿入すること。

判断基準 争点に対する複数の答の間で優劣を決める際の根拠。普通は平叙文で示されるが，その内容を簡略化した単語（「〜の原則」等）が使われることもある。

判断基準の形成基準 判断基準としての資格を付与する根拠，判断基準の成否という争点に対する答を導く際の根拠。全関係者が判断基準の成立を承認しないとき，形成基準の説明が不可避となる。判断基準とその形成基準とは下位基準と上位基準との関係に立つ。

判断基準の適用基準 判断基準を用いる範囲を決める根拠。平叙文や単語で示される判断基準をいつ用いるべきかという争点に答える際の根拠。

比較の第三項（tertium comparationis） 判断基準間での優劣決定の基準。肯定説と否定説の間で優劣を決める場合，優劣決定基準に両説の内容（言

い換えを含む）を使うのは公平ではない。両説から等距離の第三者的地位に立つ基準という意味で，この表現が用いられる。

渉外（的）私法関係　当事者の国籍・営業所，契約締結地・履行地等の地域的要素が２つ以上の国や国家法に関連する法律関係。例えば，日本国民が外国会社に対して損害賠償請求権を主張する場合，日本企業が外国人を雇用する場合等がそれに当たる。

実質法　渉外私法関係で損害賠償請求権の有無，契約解除の効果如何等の法的争点の答を出すときに使われる基準。国内法（国家法）と国際法（統一法）がある。前者の例は内外国の民法，商法，民事訴訟法等であり，後者の例は条約（国際海上物品運送法等国内法化されたものを含む）である。

抵触法　渉外私法関係における法的争点に対する答を出すときに使われる基準（実質法）がどれかを決める根拠。わが国の明文の法源に法例等がある。

準拠法　渉外私法関係を解決する際の判断基準としての資格を認められた実質法。国内法のほか，外国法も準拠法とされる場合がある。

準拠法の指定　渉外私法関係における法的争点の答を出す際の判断基準となる実質法を特定すること。

独立抵触規定　抵触法における規律方法の１つ。準拠法指定に用いられる判断基準。その基本形は，法律要件と法律効果との組合せが３段階から成る。法例３条１項（「人ノ能力ハ其本国法ニ依リテ之ヲ定ム」）他参照。

単位法律関係　独立抵触規定を構成する法律要件の部分。何について準拠法を指定するか（規律対象）を特定する部分。法例３条１項では，「人ノ能力」。

連結点　独立抵触規定を構成する法律効果の部分。内外国の実質法間で優劣を決定する判断基準。法例３条１項では，「其本国法」。

従属抵触規定　独立抵触規定をどの範囲で提供すべきかを決定するという意味で，独立抵触規定の適用基準。法例33条等がこれに当たる。

国際私法　狭義では独立抵触規定と従属抵触規定から成る抵触法の体系をいう。抵触法を定める代表的な法典として知られるのが「法例」である。広義の理解では，抵触法のほかに実質法をも加え，国際的関係を規律する法

規のすべてが含まれる。この場合，民法36条や商法479条以下等の諸規定も国際私法の法源となる。

国際取引法　国際取引を規律する諸法規（民法，商法，経済法，知的財産法，国際私法，租税法等）の総体をいうとか，国際私法の内の取引に関する部分をいうとかというように多様な理解がある。この表現の範囲内でどのような法律問題を取り上げようとするかは規律の目的・対象・方法の捉え方に左右され，その結果，この語の定義も異なる。

(4) 下記の文献はそれぞれ**ゴチック体**のみで略記する。

山内惟介他著『国際**手続法**(上)(中)(下)』（中央大学出版部，1997～1999年）

山内惟介他著『国際**契約法**』（中央大学出版部，2000年）

山内惟介著『**国際私法**』（中央大学通信教育部，1993年）

『平成11年度**重要判例解説**（ジュリスト1176号）』（有斐閣，2000年）

その他，参照される頻度の高い法律雑誌等については，慣例的に用いられている略称による（「**ジュリ**（ジュリスト）」，「**判時**（判例時報）」，「**判タ**（判例タイムズ）」等）。

また，引用箇所を特定する際は頁数・段数・行数の順に表示し，複数の頁・段・行に亘るときは，ハイフン(-)記号を挟んで最初と最後の数字のみを示すこととする。

(5) 本書で引用する判決書の表現をも含め，漢数字で記載されている年月日，条文，金額等は便宜上すべて算用数字に統一した。また，横書きによる制約を考慮して判旨中の「右」を適宜類似の表現（「上」「当該」「こ」等）に変更した。

目　　次

まえがき　i
凡　　例　v

第1部　所有権移転登記手続等請求事件…… 1
［事案の概要］………………………… 2

第1章　第一審判決について ………… 7
　Ⅰ　判決の結論と法律構成 ………… 7
　Ⅱ　判決の争点整理 ………………… 10
　Ⅲ　判決の分析と検討 ……………… 21
　Ⅳ　要約と課題 ……………………… 28

第2章　控訴審判決について ………… 29
　Ⅰ　判決の結論と法律構成 ………… 29
　Ⅱ　判決の争点整理 ………………… 30
　Ⅲ　判決の分析と検討 ……………… 37
　Ⅳ　要約と課題 ……………………… 38

第3章　上告審判決について ………… 39
　Ⅰ　判決の結論と法律構成 ………… 39
　Ⅱ　判決の争点整理 ………………… 43
　Ⅲ　判決の分析と検討 ……………… 55
　Ⅳ　要約と課題 ……………………… 58

第4章　判例評釈について …………… 59
　Ⅰ　評釈の結論と法律構成 ………… 59
　Ⅱ　評釈の争点整理 ………………… 61
　Ⅲ　評釈の分析と検討 ……………… 67
　Ⅳ　要約と課題 ……………………… 69

第2部　損害賠償請求事件 …………… 71
［事案の概要］………………………… 72

第5章　第一審判決について ………… 77
　Ⅰ　判決の結論と法律構成 ………… 77
　Ⅱ　判決の争点整理 ………………… 80
　Ⅲ　判決の分析と検討 ……………… 89
　Ⅳ　要約と課題 ……………………… 96

第6章　判例評釈について …………… 97
　Ⅰ　評釈の結論と法律構成 ………… 97
　Ⅱ　評釈の争点整理 ………………… 101
　Ⅲ　評釈の分析と検討 ……………… 110
　Ⅳ　要約と課題 ……………………… 119

第3部　和解金請求事件 ……………… 121
［事案の概要］………………………… 122

第7章　控訴審判決について ………… 127
　Ⅰ　判決の結論と法律構成 ………… 127
　Ⅱ　判決の争点整理 ………………… 130
　Ⅲ　判決の分析と検討 ……………… 141
　Ⅳ　要約と課題 ……………………… 149

第4部　座談会
　　　──国際企業法務の体験── …… 151

事項索引 ……………………………… 163

第1部
所有権移転登記手続等請求事件

　本件は，渉外親子関係の成否が争われているところから，国際取引法に固有の事例ではない。しかしながら，国際取引法上も主題とされる先決問題（抵触法上の技法）の準拠法如何が主たる争点となっている点で十分に検討の対象となり得よう。三審に亘る判断の過程を詳細にフォローすることにより，読者は争点整理の参考資料を得ることができよう。

第1部　所有権移転登記手続等請求事件

[事案の概要][1]

(1) 訴外元韓国人Aの死亡後，Aの遺産（以下「本件建物」と表記）をAの妻日本人Y（上告人・控訴人）が単独で管理し，賃料を収受していた。日本人X_1は本件建物につき相続権を主張し，不当利得に基づく本件建物の明渡と1992年3月3日から上記明渡済みに至るまで1ヶ月41万4000円の割合による賃料相当の金員支払をYに求めた（第一事件。なおYは時効取得に基づく所有権全部移転登記手続をX_1（女），X_2（男）および韓国人X_3（男），X_4（女），X_5（女）に求めており（第二事件），大阪地裁は両請求を併合した。第1部の検討対象は第一事件の賃料相当損害金支払請求に限る）。

(2) Aは訴外韓国人妻Bとの間にX_3，X_4，X_5を，訴外日本人Dとの間にX_1，X_2の非嫡出子をもうけた。Bと離婚し，1961年韓国で訴外韓国人Cと婚姻したAは来日後の1963年2月日本に帰化した。その際Cとの婚姻関係は日本の戸籍に記載されなかった。同年5月AはYと婚姻し，その旨が戸籍に記載された。婚姻後A，Y，X_1，X_2の4人は共に生活していた。1970年にAが死亡し，YとXらとの間に本件建物等について相続争いが起きた（1977年にCが死亡した）。X_1は1990年にYに対して重婚を理由に婚姻取消の訴を提起し，1992年3月3日AY間の婚姻を取り消す旨の判決が確定した。なお，YはAの死後本件建物を賃貸し，賃料として1ヶ月計41万4000円を収受している。

(3) X_1の主張①：X_1の弁護士が上記重婚の事実を確認し，その旨をYの弁護士に伝達後Yは本件建物取得の要求を止めた。この事実は，Yが本件建物につき無権限を知りつつこれを占有していたことを意味するから，Yの取

---

[1] 最高裁第1小法廷平成12年1月27日判決（平7（オ）1203号事件）民集54巻1号1頁以下，判時1702号73頁以下，判タ1024号172頁以下参照。なお，本件の第一審は，大阪地裁第13民事部平成6年3月16日判決（平4（ワ）7214号事件），第二審は，大阪高裁第12民事部平成7年2月7日判決（平6（ネ）838号事件）である（これら両判決については前掲民集53頁以下参照）。

第 1 部　所有権移転登記手続等請求事件

得時効は成立しない。更に，YA 間の婚姻取消判決確定により A の非嫡出子である X_1 は本件建物につき 60 分の 9 の共有持分をもって相続している。

(4)　Y の主張①：X_1 が A の非嫡出子であることも，X_1 が本件建物につき 60 分の 9 の共有持分を持つことも否認する。A の死亡後当時相続人として判明していた X_1，D，X_4 との間で 1971 年遺産分割協議がなされ，本件建物を Y が相続する旨が合意された。仮に然らずとも Y はその際 X_1 らに対し所有の意思あることを表示した。Y は同日以後本件建物を所有の意思を持って平穏かつ公然に占有し，使用・収益し，維持管理していた。したがって Y は 1991 年 1 月 26 日をもって本件建物を時効取得した。また，X_1 の請求は相続回復請求権の行使に当たる。同請求権は A の死後 20 年を経た 1990 年 5 月に時効で消滅した。

(5)　X_1 の主張②：X_1Y 間の争点は相続権の帰属ではないから，Y は表見相続人には当たらず，相続回復請求権は本件では問題とならない。

(6)　大阪地裁は X_1 の本件請求を一部認容した。このため Y は第一審敗訴部分の取消を求めて控訴した。

(7)　Y の主張：C との親子関係が認められない X_1 に C の本件建物持分 3 分の 1 は帰属せず，X_1 の持分は 60 分の 5 となる。仮に Y 本件建物全部についての取得時効が成立しないとしても，A からの相続を信じて自主占有開始後，共有持分 3 分の 1 につき取得時効が成立する。Y は前記婚姻取消の訴え提起まで重婚の事実を知らなかった。仮に知っていても戸籍上 A の「妻」と記載されていた Y が自己を A の相続人だと信じたことに過失はない。

(8)　大阪高裁は X_1 の本件建物持分の算定につき地裁の判決を訂正したが，Y の主張は採用しなかった。Y の上告理由は，取得時効の成否についての法令適用の誤り，相続回復請求権の消滅時効についての法令適用の誤り，特に先決問題について法例等の解釈適用の誤り，これらである（なお，第 1 部での当事者の表記は判旨および評釈を含め，上記の方法に統一した）。

［参考法令］[2]

法例（明治31年6月21日公布，同年7月16日施行法律第10号。平成元年6月28日法律第27号による改正前の形式）（以下「改正前法例」として引用する）
17条　子ノ嫡出ナルヤ否ヤハ其出生ノ当時母ノ夫ノ属シタル国ノ法律ニ依リテ之ヲ定ム若シ其夫カ子ノ出生前ニ死亡シタルトキハ其最後ニ属シタル国ノ法律ニ依リテ之ヲ定ム
18条1項　子ノ認知ノ要件ハ其父又ハ母ニ関シテハ認知ノ当時父又ハ母ノ属スル国ノ法律ニ依リテ之ヲ定メ其子ニ関シテハ認知ノ当時子ノ属スル国ノ法律ニ依リテ之ヲ定ム
22条　前9条ニ掲ケタルモノノ外親族関係及ヒ之ニ因リテ生スル権利義務ハ当事者ノ本国法ニ依リテ之ヲ定ム
25条　相続ハ被相続人ノ本国法ニヨル（現行26条）

民法（明治29年4月27日公布，同31年7月16日施行法律第89号。昭和37年法律40号による改正前の形式）（以下「改正前民法」として引用する）
900条　同順位の相続人が数人であるときは，その相続分は，左の規定に従う。
　　1号　子及び配偶者が相続人であるときは，子の相続分は，3分の2とし，配偶者の相続分は，3分の1とする。……
　　4号　子と，直系卑属又は兄弟姉妹が数人あるときは，各自の相続分は，相等しいものとする。但し，嫡出でない子の相続分は嫡出である子の相続分の2分の1とし，父母の一方のみを同じくする兄弟姉妹の相続分は，父母の双方を同じくする兄弟姉妹の相続分の2分の1とする。

韓国渉外私法（1962年1月15日法律966号）
20条1項　婚姻外の出生者の認知の要件は，その父又は母については，認知した時の父又は母の本国法によつてこれを定め，その子については，認知する時の子の本国法によってこれを定める。
　　2項　認知の効力は，父又は母の本国法による。
22条　親子間の法律関係は，父の本国法により，父がないときは母の本国法による。

韓国民法（1958年2月22日法律471号。1977年12月31日法律3051号による改正前の形式）
773条　前妻の出生子と継母，その血族及び姻戚との間の親系及び親等は，出生子と同一なものとみなす。

---

[2]　大韓民国法については，日本加除出版法令編纂室編『平成13年度戸籍実務六法』（日本加除出版，2000年）807頁以下他参照。

第1部　所有権移転登記手続等請求事件

774条　婚姻外の出生子と父の配偶者，その血族及び姻戚との間の親系及び親等は，その配偶者の出生子と同一なものとみなす。
1000条1項　財産相続においては，次の順位で相続人となる。
　　1　被相続人の直系卑属
　　2　被相続人の直系尊属
　　3　被相続人の兄弟姉妹
　　4　被相続人の8親等以内の傍系血族
2項　前項の場合において，同順位の相続人が数人あるときは，最近親を先順位とし，同親等の相続人が数人あるときは，共同相続人となる。
1009条1項　同順位の相続人が数人あるときは，その相続分は，均分とする。ただし，財産相続人が同時に戸主相続をする場合には，相続分は，その固有の相続分の5割を加算する。
2項　同一家籍内にない女子の相続分は，男子の相続分の4分の1とする。

第1章

第一審判決について

I　判決の結論と法律構成

1　判決の結論
[**101**]　大阪地裁は次のように述べて本件請求（第一事件）を一部認容した。
　　"X₁の請求は，本件建物の明渡及び平成4年3月3日から右明渡済みに至るまで1ヶ月金6万2100円の割合による賃料相当損害金の支払を求める限度で理由があるからこれを認容……する。"

2　判決の法律構成
[**102**]　判旨が本件請求を「認容」したのは「X₁の請求は……理由がある」と判断したからである。その範囲は，「本件建物の明渡」および「1ヶ月金6万2100円の割合による賃料相当損害金の支払」を限度とする。この判断は，X₁およびYの主張にみられる一連の争点を前提としている。第一審原告たる**X₁はどのような法律構成を採ったかを明らかにする必要があるだろう。**

　X₁がYに対し，1992年3月3日から本件建物明渡済みに至るまで1ヶ月41万4000円の割合による賃料相当損害金の支払請求権を有すると主張するのは，X₁が本件建物につき60分の9の共有持分を有するからである。共有持分が認められる根拠は，①X₁がAと訴外Cとの間に出生した非嫡出子であるた

め，Ａの相続人に含まれること，②Ｙの本件建物に対する時効取得が成立しないこと，これらに求められる。①を主張するのは，本件請求権が時効により消滅しないからである。それは，X_1が表見相続人に当たらないため，当該請求権が相続回復請求権に該当しないからである。また②を主張するのは，民法162条1項の効果が発生しないからである。その理由は，ＡＹ間の婚姻取消の訴が確定していること，Ｙは本件不動産につき何ら権限を有しないことを知りながらこれを占有していたこと，これらである。

[103]　判旨ではX_1，Ｙの主張それぞれにつき理由の有無を認定し，これを根拠として請求の可否を判断するという構造になっている。すなわち，まず「本件建物につき60分の9の持分を有している」とのX_1の主張を認める。一方，Ｙの「本件不動産を時効取得したから，……右時効を援用する」という抗弁（一），および「X_1の本訴請求は，相続回復請求権の行使にあたるところ，……時効により消滅した」という抗弁（二）にはそれぞれ「理由がない」と判断する。よってX_1の金員支払請求権の存在は覆されない。しかしその請求の範囲は「1ヶ月金6万2100円の割合による」とし，それを「超える部分は理由がない」と判断した。

[104]　では，判旨がX_1の請求を「1ヶ月金6万2100円の割合」で認め，Ｙの抗弁を「理由がない」と判断した**根拠は何か**。それは，**X_1の賃料相当損害金支払請求権の有無**につき肯定説を採るからである。肯定説を採るのは，**X_1の本件建物持分の有無**が肯定されることによる。**X_1の本件建物持分が認められるのはなぜか**。それは，**Ｙの時効取得の成否，X_1の請求に相続回復請求権の消滅時効が適用される余地の有無**，これら2点につき否定説を採るからである。それならば，**X_1の請求権が「1ヶ月金6万2100円の割合」に限定されるのはなぜか**。それは，「Ｙの本件建物占有による賃料相当損害金は1ヶ月金41万4000円とみてよい」こと，「X_1は，本件建物につき，60分の9の持分を有する」こと，これら2点が認定されるからである。このうち前者の認定に先

立ち,「Yは,本件建物を訴外……14名に賃借し,賃料として1ヶ月合計41万4000円を収受していること」も認められている。**各判断における判旨の理由付けの適否**を検討するには判旨の論述内容を個別的に確認する必要があろう。

[105] まず,X_1の本件建物持分については以下のように判示される。
　　　"成立に争いのない甲第二,三号証(……)によると,Aの相続関係は別紙1のとおりであることが認められる。Cの相続につき韓国法が適用され(……改正前の法例25条),相続人の範囲及び順位,相続分についても同法に準拠して決せられる結果,X_1及び訴外X_2は,X_4,訴外X_5,同X_3らと同順位かつ平等の相続分をもってCを相続することとなり,X_1は,本件建物につき60分の9の持分を有することとなる。"

[106] Yの時効取得(抗弁(一))については以下のように述べられる。
　　　"前記認定事実によれば,昭和46年1月に,亡Aの遺産につき,X_1・Y及びX_4の間で遺産分割協議が成立した事実はなく,したがって,Yは,新権原に基づき,自ら所有する意思をもって本件不動産の占有を開始したものとはいえない。また,Yは,X_1に対し,一旦は本件不動産を取得したい意向を示して交渉したものの,その後交渉を中止したまま現在に至っており,その前後で占有の客観的態様に変更があった事実も認められないから,所有の意思あることを表示したものともいえない。結局,Yが本件不動産を自主占有していたものとは認められないから本件不動産を時効取得し得る余地はなく,その余の点について判断するまでもなく抗弁(一)は理由がない。"

[107] X_1の請求に相続回復請求権の消滅時効が適用される余地について(抗弁(二)),判旨は以下のように判示する。
　　　"Yは,自らの婚姻に取消事由があり,相続人たる地位を喪失すべき立場にあることを知りながら,本件不動産を占有管理することによりこれを侵害していたものと認められるところ,自ら相続人でないことを知りながら相続人であると称し,またはその者に相続権があると信ぜられるべき合理的な事由があるわけではないにもかかわらず自ら相続人であると称し,相続財産を占有管理することによりこれを侵害している者は本来相続回復請求権制度が対象とする者にはあたらないというべきであるから,X_1の請求は共有持分権に基づき侵害財産の回復を求める通常の請求であって,これに相続回復請求権の消滅時効が適用される余地はないというべきである。よって抗弁(二)は理由がない。"

第1部　所有権移転登記手続等請求事件

[108]　以上の判断を根拠として，判旨は最終的に以下のように判断する。
　　　　"弁論の全趣旨によれば，Yは，本件建物を訴外屋内園子外14名に賃貸し，賃料として1ヶ月合計41万4000円を収受していることが認められるからYの本件建物占有による賃料相当損害金は1ヶ月金41万4000円とみてよい。しかるに，前記認定のとおり，X1は，本件建物につき，60分の9の持分を有するから，右持分に応じ，1ヶ月金6万2100円の割合による賃料相当損害金の支払を請求でき，右限度で支払を請求し得るにとどまる。X1の賃料相当損害金請求のうち，右を超える部分は理由がない。"

II　判決の争点整理

1　はじめに

[109]　判旨の理由付けは，前述（[104]）のように構成されていた。そうした構成の適否を判断するには，まず [105]〜[108] の判旨それぞれの緻密な分析が欠かせない。それは，判旨は争点に対する評価の根拠を詳論しているからである。ここでは，判旨が挙げている争点と，各争点の関連性を確認していく。これに続いて，訴訟物ごとに判旨の再構成を試みる。その結果，各争点の配列を論理の流れに対応させ，判旨全体の論理構成を理解することができよう。

2　個別的争点ごとの整理

(1)　X_1 の本件建物持分について

[110]　判旨は「**X_1 は，本件建物につき 60 分の 9 の持分を有する**」か否かにつき肯定説を採る。このように判断したのは，民法899条を法源に採用したからであると思われる。**なぜ上記日本法の規定が判断基準とされるのか**。この点は明らかにされていない[1]。

---

1)　本件建物の持分に関する問題を相続の問題であると解せば，改正前法例25条が適用されたからであろう。Aの「本国法」が日本法であることにより，日本法が指定される。他にも，X_1 の本件請求の認否に適用された準拠法がこの主題にも適用されたからかもしれない。この場合，X_1 の本件請求の認否に適用された準拠法が何かは述べられていない。

[111]　それならば、**民法 899 条の適用過程はどうか**。まず、X_1 が同条所定の法律要件である「共同相続人」に該当しなければならない。それには、**X_1 が A の相続人か否か**、**A の相続人は複数か否か**、これら 2 点が問われよう。この点につき判旨は、「A の相続関係は別紙 1 のとおりであることが認められる」[2]と述べて肯定する。それはおそらく、弁論の全趣旨により AY 間、AC 間、および AB 間の婚姻関係が、また Y と X_1・X_2 および X_3・X_4・X_5 との親子関係がそれぞれ認められるからであろう[3]。

[112]　それでは、**同条によると X_1 が本件建物の所有権**[4]**を上記の割合で承継するのはなぜか**。判旨はこの確認に際し X_1 の相続分の割合を算定している。**X_1 の相続分はどのように算定されたか**。相続分算定基準の設定にあたり、判旨は上記の A の相続関係を考慮する。この点を X_1 についてみると直接 A から受ける相続分と C からの相続分が存在する。というのは、CX_1 間に親子関係が存在するため、X_1 は C の死亡により C の本件建物所有権をも相続するからである。**各相続分はどのように算定されるか**。A から受ける相続分について判旨の言及はみられない。そこで、C からの相続分についてみてみよう。

[113]　判旨は「X_1 及び X_2 は、X_3～X_5 らと同順位かつ平等の相続分をもって C を相続する」と判断している。この**判断基準は何か**。判旨は「C の相続につき韓国法が適用され」ると述べているが、**韓国法のうちいかなる規定が適用されたか**[5]は明らかにされていない。それでは、判旨は**韓国法をどのように適用しているか**。判旨は同法の適用範囲を「相続人の範囲及び順位、相続分に

---

2)　「別紙 1」には、A の婚姻関係 C、親子関係 X_1X_2、および $X_3X_4X_5$、子らの母 D、B、Y との関係が示されている。

3)　民法 887 条、890 条参照。

4)　「所有権」の文言は判旨中にない。しかし、「持分」（権）とは基本的には個別の所有権と同一の権利であり（淡路剛久他著『民法 II 物権［第 2 版］有斐閣 S シリーズ』（有斐閣、1994 年）157 頁）、また「持分」という言葉自体が程度を表すことから、ここではあえて「所有権」という表現を用いる。

5)　この点については、後述 [208] を参照。

第1部　所有権移転登記手続等請求事件

ついて」に設定している。

　それでは，**韓国法が導かれたのはなぜか**。判決はその根拠として「平成元年改正前の法例 25 条」を援用している。

(2)　Y の取得時効について

[114]　判旨が抗弁（一）に「理由がない」と判断したのは，「本件不動産を時効取得し得る余地はな」いと判断したからである。このような判断を導く**法源は何か**。判旨の文言から民法 162 条 1 項が念頭にあると思われる。**同項はどのように適用されたか**を知るには，判旨により要件充足が否定された過程が明らかにされなければならない。判旨は同条同項の要件のうち，「占有」の有無について否定説を採る。これにより同条同項の要件不備を主張し得るのは，同項所定の複数の要件はすべて同時に充足される必要があるからである。

[115]　それでは，なぜ「占有」が否定されるのか。その理由となるのが，接続助詞「から」で結ばれる「Y が本件不動産を自主占有していたものと認められない」との記述である。では Y の自主占有が認められないのはなぜか。これには 2 つの根拠が挙げられている。その 1 つは，(1)「**Y は，X_1 に対し……所有の意思あることを表示したものと**」いえるか否かにつき否定説が採られることである。他の 1 つは，(2)「**Y は，新権原に基づき，自ら所有する意思をもって本件不動産の占有を開始したものと**」いえるか否かにつき否定されることである。このように認定されるのはなぜか。それは裁判所の「認定事実」によるからである。では，(1)と(2)の関係は何か。これには累積的という回答が与えられる。というのも，(1)と(2)が述べられている文章が，後が前に追加されることを示す接続詞「また」で結ばれるからである。

[116]　上記**日本法の規定が判断基準とされるのはなぜか**。判断基準の形成について，判旨は明示していない。それは，Y の取得時効の成否という問題を国内問題であると解したからかもしれない。仮にこれを渉外問題であると解して

いれば，いずれかの独立抵触規定により日本法が指定されているはずである。しかし，この点を判旨の文言により明らかにすることはできない。

(3) X_1 の請求に相続回復請求権の消滅時効が適用される余地について

[117] 判旨が抗弁（二）に「理由がない」と判断するのは，「X_1 の請求……に相続回復請求権の消滅時効が適用される余地はない」とされたからである。こうした判断に用いた**法源は何か**。おそらく民法884条が適用されていよう。同条につき判旨はどのような**適用過程**を辿っているか。判旨が同条に定める「相続回復の請求権」に X_1 の請求が該当せず「通常の請求」であると判断した適用基準を確認しなければならない。判旨はこの点を「**本来相続回復請求権制度が対象とする者にはあたらないというべき**」か否かにつき肯定説を採ることを理由とする。この点について肯定説を採る**判断基準は何か**。それとして次の6点が示される。すなわち，(i) 相続人ではないこと，(ii) 自らが相続人ではないことを知っていたこと，(iii) その者に相続権があると信ぜられるべき合理的な事由がないこと，(iv) 相続人であると称していること，(v) 相続財産を占有管理していること，(vi) 相続財産を侵害していること，これらである。これら6点は X_1 が「本来相続回復請求権制度が対象とする者にはあたらない」との効果を発生させるには，すべて肯定説が採られなくてはならない。

[118] 上記 (i) ～ (vi) の**適用過程**はどうか。上記6つの要件の審理にあたり，判旨はYに関する認定事実を取り上げて，X_1 が「本来相続回復請求権制度が対象とする者にはあたらない」との効果を発生させている。では，**判旨はYの主張をどのように認定しているか**。これには次の5点が挙げられる。すなわち，(ア) AY間の婚姻に取消事由があること，(イ) Yが相続人たる地位を喪失すべき立場にあること，(ウ) Yが（イ）を知っていること，(エ) Yが本件建物を占有管理していたこと，(オ) Yが本件建物を侵害していたと認められること，これらである。(ア) ～ (オ) の**認定事実はそれぞれ** (i) ～ (vi) **のいずれの適用過程に登場するか**。(ア) および (イ) により (i) が，(ウ)

により（ii）が，（エ）により（v）が，そして（オ）により（vi）が判断されている。

[119] それでは，上記**日本法の規定**が**判断基準**とされるのはなぜか。ここでも基準の形成過程については言及されていない[6]。

(4) まとめ

[120] 以上で個別的争点ごとの判旨の構成は大方明らかになったものと思われる。しかし判決書の多くは一定の法律知識を前提として述べられ，それゆえ初学者にはしばしばその論理構成は不透明である。本件判旨も例外ではないようである。以下では争点間の関係から論理的に説明し得る行間を補充しつつ，各争点の配列を論理の流れに対応させていく。その際，本件賃料相当損害金請求の認否という結論部分に着目して法律構成を遡及的に再整理していく。

3 訴訟物を単位とする整理

[121] 本件賃料相当損害金支払請求の認否の判断材料として，判旨は先に分析した個別的争点を挙げた。これらは**訴訟物を起点とするとどのように配列されるのか**。その一例が以下である（なお，かっこ内の表記は判旨の評価である）。

(01) X_1 の Y に対する 1 ヶ月金 6 万 2100 円の割合による賃料相当損害金支払請求の可否（可能）
(02) X_1 の Y に対する賃料相当損害金支払請求をどの範囲で認めるべきか（本件建物の持分の範囲[7]）
(03) Y の本件建物占有による損害金はいくらか（1 ヶ月金 41 万 4000 円）
(04) Y は本件建物の賃料としていくら収受していると認められるか（1 ヶ月計 41 万 4000 円）
(05) X_1 の本件建物に対する共有持分は何か（60 分の 9）

---

6) この点についても，[116]において述べたことが当てはまるだろう。
7) 根拠として考えられるのは，判例（最判昭和 41 年 3 月 3 日（判時 443 号 32 頁），同昭和 51 年 9 月 7 日（判時 831 号 35 頁）の「第三者の違法な行為に対する損害賠償請求権は，各共有者に持分の割合に応じて分割帰属するから，各共有者は，単独ではその持分相当額の損害賠償しか請求しえない。」という文言である。

第 1 章　第一審判決について

(06) X_1 の相続分は何か（12 分の 1 ＋ 15 分の 1 ＝ 60 分の 9）
(07) 相続分（a）（A → X_1）は何か（12 分の 1）
(08) 改正前民法 900 条 4 号但書の効果の内容をどのように解釈するか（X_1 の相続分は X_1 〜 X_5 の相続分 3 分の 2 × 8 分の 1 ＝ 12 分の 1）
(09) 改正前民法 900 条 4 号但書の効果は何か（嫡出でない子の相続分は「嫡出である子の相続分の 2 分の 1」）
(10) A と X_1 の関係には改正前民法 900 条 4 号本文と但書のどちらが該当するか（但書）
(11) A と X_1 の関係は何か（X_1 は A の非嫡出子）
(12) 改正前民法 900 条 4 号のうち本文と但書のどちらを適用するか（A と X_1 の関係による）
(13) 改正前民法 900 条 1 〜 4 号のうちどれを適用するか（4 号）
(14) A と X_1 〜 X_5，X_1 〜 X_5 相互の関係は「子および配偶者」，「配偶者およ及び直系卑属」，「配偶者および兄弟姉妹」，「子，直系卑属または兄弟姉妹」のうちどれに該当するか（「子，直系卑属または兄弟姉妹」）
(15) 改正前民法 900 条 1 〜 4 号のうちどれを適用するか（A と X_1 〜 X_5，X_1 〜 X_5 相互の関係による）
(16) 改正前民法 900 条の効果は何か（財産相続の順位の決定）
(17) 改正前民法 900 条の効果は発生しているか（している）
(18) 改正前民法 900 条の要件を充足しているか（している）
(19) A について同順位の相続人は誰か（X_1 〜 X_5 および C）
(20) A について同順位の相続人が数人あるか（ある）
(21) 改正前民法 900 条の要件は何か（「同順位の相続人が数人あるとき」）
(22) 相続人の範囲および順位，相続分について定める日本法は何か（改正前民法 900 条）
(23) 日本法のうちどの規定によるか（相続人の範囲および順位，相続分について定める規定による）
(24) 国内問題の法源は何か（日本法）
(25) AX_1 間の相続関係は国内問題か渉外問題か（国内問題）
(26) 法源の探求はどのように行われるか（国内問題か渉外問題かによる）
(27) 相続分（a）の算定基準をどのように決めるか（法源の探求による）
(28) 相続分（c）（A → C → X_1）は何か（3 分の 1 × 5 分の 1 ＝ 15 分の 1）
(29) 相続分（b）（A → C）は何か（3 分の 1）
(30) 改正前民法 900 条 1 号の効果の内容をどのように解釈するか（C の相続分は 3 分の 1）
(31) 改正前民法 900 条 1 号の効果は何か（「子の相続分は，3 分の 2 とし，配偶者の相続分は，3 分の 1 とする」）
(32) 改正前民法 900 条 1 〜 4 号のうちどれを適用するか（1 号）
(33) C と X_1 〜 X_5 の関係は「子および配偶者」，「配偶者および直系卑属」，「配偶者

— 15 —

第 1 部 所有権移転登記手続等請求事件

　　　および兄弟姉妹」,「子, 直系卑属または兄弟姉妹」のうちどれに該当するか
　　　(「子および配偶者」)
(34) 改正前民法 900 条 1 〜 4 号のうちどれを適用するか (C と X_1 〜 X_5 の関係による)
(35) 改正前民法 900 条の効果は何か (財産相続の順位の決定)
(36) 改正前民法 900 条の効果は発生しているか (している)
(37) 改正前民法 900 条の要件を充足しているか (している)
(38) A について同順位の相続人は誰か (C および X_1 〜 X_5)
(39) A について同順位の相続人が数人あるか (ある)
(40) 改正前民法 900 条の要件は何か (「同順位の相続人が数人あるとき」)
(41) 相続人の範囲及び順位, 相続分について定める日本法は何か (改正前民法 900 条)
(42) 日本法のうちどの規定によるか (相続人の範囲および順位, 相続分について定める規定による)
(43) A の本国法は何か (日本法)
(44) A の戸籍はどこに属するか (日本)
(45) 本国をどのように決めるか (戸籍が属する地を基準とする)
(46) 改正前法例 25 条により準拠法を決めるために何が必要か (本国の特定)
(47) 法例のうちどの規定によるか (改正前法例 25 条)
(48) 相続分の算定に関する法廷地抵触法の有無 (法例内にある)
(49) 日韓間に相続分の算定に関する統一抵触法の有無 (なし)
(50) 日韓間に相続分の算定に関する統一実質法の有無 (なし)
(51) 渉外問題の法源探求方法は何か (統一実質法→統一抵触法→法廷地抵触法による)
(52) AC 間の相続関係は国内問題か渉外問題か (渉外問題)
(53) 法源の探求はどのように行われるか (国内問題か渉外問題かによる)
(54) 相続分 (b) の算定基準をどのように決めるか (法源の探求による)
(55) $C \to X_1$ の相続分の割合は何か (5 分の 1)
(56) 相続分について定める規定の効果は何か (X_1 〜 X_5 は C について平等の相続分をもって相続すること)
(57) 相続分について定める規定の効果は発生しているか (している)
(58) 相続分について定める規定の要件は充足しているか (している)
(59) 相続人の順位について定める規定の効果は何か (X_1 〜 X_5 は C について同順位で相続すること)
(60) 相続人の順位について定める規定の効果は発生しているか (している)
(61) 相続人の順位について定める規定の要件は充足しているか (している)
(62) 相続人の範囲について定める規定の効果は何か (X_1 〜 X_5 は C を相続すること)
(63) 相続人の範囲について定める規定の効果は発生しているか (している)
(64) 相続人の範囲について定める規定の要件を充足しているか (している)
(65) 韓国法のうちどの規定によるか (相続人の範囲および順位, 相続分について定める規定による)

第1章　第一審判決について

(66) Cの本国法は何か（韓国法）
(67) Cの戸籍はどこに属するか（韓国）
(68) 本国をどのように決めるか（戸籍が属する地を基準とする）
(69) 改正前法例25条により準拠法を決めるために何が必要か（本国の特定）
(70) 法例のうちどの規定によるか（改正前法例25条）
(71) 相続分の算定に関する法廷地抵触法の有無（法例内にある）
(72) 日韓間に相続分の算定に関する統一抵触法の有無（なし）
(73) 日韓間に相続分の算定に関する統一実質法の有無（なし）
(74) 渉外問題の法源探求方法は何か（統一実質法→統一抵触法→法廷地抵触法による）
(75) C→X_1の相続関係は国内問題か渉外問題か（渉外問題）
(76) 法源の探求はどのように行われるか（国内問題か渉外問題かによる）
(77) C→X_1の相続分の算定基準をどのように決めるか（法源の探求による）
(78) 相続分（c）はどのように算定されるか（相続分（b）×C→X_1の相続分）
(79) X_1の相続分の算定はどのように行うか（相続分（a）+相続分（c））
(80) X_1・A・Cの相続関係はどのようになっているか（「A→X_1」（相続（a））と「A→C（相続（b））→X_1」（相続（c））がある）
(81) X_1の相続分の算定はどのように行うか（X_1・A・Cの相続関係による）
(82) 民法899条によりX_1の相続財産の承継割合を決めるためには何が必要か（X_1の相続分の算定）
(83) 相続財産の承継を定める規定は何か（民法899条）
(84) どのような法源によるか（相続財産の承継を定める規定による）
(85) X_1の本件建物に対する所有権の割合をどのように決めるか（法源の探求による）
(86) 「利益ノ存スル限度」をどのように決めるか（X_1の本件建物に対する所有権の割合による）
(87) 民法703条の効果は何か（「利益ノ存スル限度ニ於テ……義務ヲ負フ」）
(88) X_1の賃料相当損害金支払請求をどの範囲で認めるかを何により決めるか（民法703条）
(89) X_1の賃料相当損害金支払請求の認否（認める）
(90) YはX_1に損失を及ぼしていると認められるか（認められる）
(91) 本件建物にはX_1の財産が含まれていると認められるか（認められる）
(92) X_1の本件建物に対する所有権の有無（ある）
(93) X_1はAの相続により得た本件建物に対する所有権を喪失していないか（していない）
(94) 抗弁（一）は理由があるか否か（ない）
(95) Yの本件建物に対する取得時効の成立は認められるか（認められない）
(96) 民法162条1項の効果は発生しているか（していない）
(97) 民法162条1項の要件を充足しているか（していない）
(98) Yは本件不動産を自主占有しているか（していない）
(99) 民法185条の効果は発生しているか（していない）

第1部　所有権移転登記手続等請求事件

(100) 民法185条の要件を充足しているか（していない）
(101) Yは所有の意思あることを表示したと認められるか（認められない）
(102) YはX₁との交渉を中止したままか否か（中止したままである）
(103) Yの占有の客観的態様に変更があったか否か（ない）
(104) 所有の意思あることを表示したか否かを何により判断するか（交渉の有無，および占有の客観的態様への変更の有無，これらによる）
(105) 民法185条の要件は何か（「権原ノ性質上占有者ニ所有ノ意思ナキモノトスル場合」+「其占有者ガ自己ニ占有ヲ為サシメタル者ニ対シ」+（「所有ノ意思アルコトヲ表示シ」or「新権原ニ因リ更ニ所有ノ意思ヲ以テ占有ヲ始ムル」），これらではない場合）
(106) 自主占有しているか否かの第二基準は何か（民法185条）
(107) 民法186条1項の効果が発生しているか（していない）
(108) 民法186条1項の要件を充足しているか（していない）
(109) X₁・Y・X₄の間で本件建物につき遺産分割協議が成立した事実の有無（ない）
(110) 新権原はどのように成立するか（遺産分割協議の成立）
(111) 民法186条1項の要件をどのように解釈するか（新権原に基づく占有）
(112) 民法186条1項の要件は何か（「占有」）
(113) Yが自主占有しているか否かの第一基準は何か（民法186条1項）
(114) 自主占有しているか否かを何により判断するか（第一基準と，それが排斥された場合の第二基準の2段階構成による）
(115) 民法162条1項の個々の要件をどのように解釈するか（「所有ノ意思ヲ以テ……占有」すること，を自主占有と解釈する）
(116) 民法162条1項の要件充足には何が必要か（個々の要件をすべて充足すること）
(117) 民法162条1項の要件を充足するか否かを何により決めるか（認定事実による）
(118) 民法162条1項の要件は何か（「20年間」+「所有ノ意思ヲ以テ」+「平穏且公然ニ」+「他人ノ物ヲ」+「占有シ」ている者であること）
(119) 取得時効を定める法源は何か（民法162条1項）
(120) Yの本件建物に対する取得時効の成否をどのように判断するか（法源の探求による）
(121) X₁はAの相続により得た本件建物に対する所有権を喪失していないか否かを何により判断するか（Yの本件建物に対する取得時効の成否による）
(122) 抗弁（二）は理由があるか否か（ない）
(123) X₁の請求に相続回復請求権の事項が効果を発生するか否かを検討する余地の有無（ない）
(124) X₁の本件請求に相続回復請求権の消滅時効が適用されるか（されない）
(125) X₁の請求は相続回復請求権に基づき侵害財産の回復を求めるものであるか否か（ない）
(126) Yは本来相続回復請求権制度が対象とする者に当たるか（当たらない）
(127) Yは本件建物を侵害していたと認められるか否か（認められない）

第 1 章　第一審判決について

(128) Y は本件建物を占有管理していたか（していた）
(129) Y は相続人たる地位を喪失すべき立場にあることを知っていたか（知っていた）
(130) Y は相続人たる地位を喪失すべき立場にあるか（ある）
(131) YA 間の婚姻に取消事由があるか（ある）
(132) 本来相続回復請求権制度が対象とする者をどのように限定すると解釈するか（自ら相続人でないことを知りながら相続人であると称し，またはその者に相続権があると信ぜられるべき合理的な事由があるわけではないにも拘らず自ら相続人であると称し，相続財産を占有管理することによりこれを侵害している者は，対象とする者に当たらないと解釈する）
(133) 「相続回復の請求権」をどのように解釈するか（本来相続回復請求権制度が対象とする者に限定を認める，と解釈する）
(134) 民法 884 条により相続回復請求権の消滅時効が適用されないか否かを決めるには何が必要か（「相続回復の請求権」の解釈の決定）
(135) 相続回復請求権の消滅時効について定める法源は何か（民法 884 条）
(136) 相続回復請求権の時効による消滅に該当するか否かをどのように判断するか（法源の探求による）
(137) X_1 が本件建物に対する所有権の存在を証明するには何が必要か（相続後当該所有権を喪失していないこと，相続回復請求権の消滅時効の効果が発生しないこと，これらの証明）
(138) X_1 は本件建物に対する所有権を得たか（得た）
(139) 民法 898 条の効果をどのように解釈するか（本件建物は A の相続人が共同で所有する）
(140) 共有とは何を意味するか（共同で所有すること）
(141) A の相続財産は何か（本件建物）
(142) 民法 898 条の効果は何か（「相続財産は，その共有に属する」）
(143) 民法 898 条の効果は発生しているか（している）
(144) 民法 898 条の要件を充足しているか（している）
(145) A の相続人は数人いるか（いる）
(146) 民法 898 条の要件は何か（「相続人が数人あるとき」）
(147) 相続の効力を定める規定のうちどれによるか（民法 898 条）
(148) 相続の効力を定める規定は何か（民法 896〜899 条）
(149) 相続の効力は何か（相続の効力を定める規定による）
(150) X_1 は A の相続人か（相続人である）
(151) 民法 887 条の効果は何か（「相続人となる」）
(152) 民法 887 条の効果は発生しているか（している）
(153) 民法 887 条の要件を充足しているか（している）
(154) X_1 は A の子か（子である）
(155) 被相続人は誰か（A）
(156) 民法 887 条 1 項の要件は何か（「被相続人の子」）

第 1 部　所有権移転登記手続等請求事件

(157) 相続人を定める規定は何か（民法 887 条 1 項）
(158) 日本法のうちどの規定によるか（相続人を定める規定による）
(159) 国内問題の法源は何か（日本法）
(160) X_1 は A の相続人か否かという問題は国内問題か渉外問題か（国内問題）
(161) 法源の探求はどのように行うか（国内問題か渉外問題かによる）
(162) X_1 は A の相続人か否かを何により決めるか（法源の探求による）
(163) 本件建物を所有していた者は誰か（A）
(164) X_1 が本件建物を相続しているか否かを何により判断するか（X_1 が本件建物を所有していた者の相続人か否かによる）
(165) X_1 の本件建物に対する所有権の有無をどのように決めるか（X_1 が本件建物を相続しているか否かによる）
(166) 本件建物に X_1 の財産が含まれているか否かを何により決めるか（X_1 の本件建物に対する所有権の有無による）
(167) Y は本件建物によって利益を受けていると認められるか（認められる）
(168) 民法 703 条の要件を充足しているか否かを何により判断するか（認定事実）
(169) 民法 703 条の要件は何か（「法律上ノ原因ナクシテ他人ノ財産又ハ労務ニ因リテ利益ヲ受ケ」ている者＋「他人ニ損失ヲ及ホシ」ている者）
(170) 不当利得に基づく返還請求を定める規定は何か（民法 703 条）
(171) 日本法のうちどの規定によるか（不当利得に基づく返還請求を定める規定による）
(172) 「其原因タル事実ノ発生シタル地ノ法律」はどこの法か（日本法）
(173) Y が利得を得ている地はどこか（日本）
(174) 「其原因タル事実ノ発生シタル地」をどのように決めるか（利得を得ている地を基準とする）
(175) 法例 11 条 1 項により準拠法を決定するには何が必要か（「其原因タル事実ノ発生シタル地」の特定）
(176) 不当利得に基づく返還請求権の有無は，法例のどの規定の単位法律関係に包摂されるか（法例 11 条 1 項）
(177) 本件請求の法的性質は何か（不当利得に基づく返還請求）[8]
(178) 法例のうちどの規定によるかを何により決めるか（請求の法的性質を考慮する）
(179) 法廷地抵触法は何か（法例）
(180) 法廷地抵触法の有無（ある）
(181) 日韓間に統一抵触法の有無（なし）
(182) 日韓間に統一実質法の有無（なし）

---

[8] この他，不法行為に基づく損害賠償請求，占有権の効力に基づく損害賠償請求，この 2 点も考えられる。これら 3 点のうち判旨がいずれを念頭に置いていたかは不明である（後述［133］，［134］参照）。この争点リストでは，本件第三審たる最高裁が本件請求を「不法利得の返還を求めるもの」と判断していることから，便宜上不当利得に基づく返還請求と解して分析した。

(183) 渉外問題の法源探求方法は何か（統一実質法→統一抵触法→法廷地抵触法による）
(184) 本件賃料相当損害金支払請求の認否は国内問題か渉外問題か（渉外問題）[9]
(185) 法源の探求はどのように行うか（国内問題か渉外問題かによる）
(186) 本件賃料相当損害金支払請求の認否の判断基準をどのように決めるか（法源の探求による）

[122]　以上に挙げた争点の関係を整理すると以下のようになる。

　X_1の請求の可否について，(138) である点が (124)(95) によって防げられないので，(89) といえる。

　X_1の持分比率につき (28) および (07) なので (06)，よって (05)。これにより請求し得る範囲については (04)→(03)→(02)→(01) の連鎖を辿る。

　法例の適用範囲については，(172) で選ばれた独立抵触規定は金員支払請求を適用対象とし，(43) は A の相続を，(66) は C の相続をそれぞれ適用対象とする。よって相互に抵触しない。

　Y の時効取得については，(107) かつ (99) により (96)，したがって (95)。

　X_1の請求に相続回復請求権の消滅時効が適用される余地については，(132) であるところ (138) なので (136)。

III　判決の分析と検討

1　はじめに

[123]　本件大阪地裁判決にみられた判旨の法律構成はほぼ上にみた通りである。判旨に対する評価基準は多様であろうが，ここでは各判断基準の形成基

---

[9] 渉外的要素の有無につき，X_1, Y, A, 本件建物，これら4点により判断する場合は国内問題と解することもできよう。しかし，本件請求権の有無という争点に，本件請求権が存在する範囲は何かについても含むと考えれば，渉外的要素の有無の判断要素に $X_3 \sim X_5$ も加えることができる。このような理解に立てば，本件請求権の有無という争点を渉外問題と解することもできよう。

準および適用基準の両面から，なお補充することの可能な諸点を挙げることにより，判旨の論理の飛躍を指摘するにとどめたい。

2 X_1 の本件建物持分について

[124] X_1 の本件建物持分を60分の9と認定するにあたり，判旨はAの相続関係およびCの相続関係について述べる。このうちCの相続関係の認定には，その準拠法の決定に日本の改正前法例25条を適用すると明記する。おそらくは準拠法の決定を手続問題と解し，「手続は法廷地法による」の原則により法廷地である日本の抵触法たる法例によったものと推測されるが，この問題につき具体的な基準の形成過程は判旨では明らかにされていない。

[125] 次に「相続人の範囲及び順位，相続分についても同法に準拠して決せられる」との判断についてである。この判断の根拠を判旨は明言していない[10]。更に，上記「同法」，すなわち韓国法のうちいずれの規定に準拠するかについてもまったく明記されていない。これは**準拠実質法の選択の適否**を判断する材料も提示されていないことを意味している[11]。

3 Yの時効取得について

[126] 判旨は，Yは「本件不動産を時効取得し得る余地はな」いと判断した

---

10) 『争点（新）』66頁参照．判旨が改正前法例25条の「相続」の解釈によって「相続人の範囲」等をこれに読み取ったとも，法例の性質決定の結果，これらの問題を改正前法例25条の適用対象と捉えたとも推測し得る．判旨がどのような認識をもっていたかが実際上それほど大きな違いはないにしても，今日の課題として残されている，**法例の解釈もしくは性質決定の基準は何か**，について更なる説明を求める理由はあるだろう．

11) 改正前法例25条の「被相続人ノ本国法」について，「それは「被相続人の死亡当時の本国法」を意味することは異論のないところである．ところが（その）意味について，(1) その本国において……死亡当時おこなわれていた法律が，その後の改廃にかかわらず固定的に適用される……解釈と，(2) ……必ずしも……固定的に適用されるという意味ではないとする解釈」に分かれているとの指摘もある（『別冊ジュリストNo.16』（有斐閣，1967年）139頁参照）．韓国法のうち何条を適用しているか明らかでない本件判旨では，この問題をどのように解決したかについても明らかではない．

根拠に「Yが本件不動産を自主占有していたものとは認められない」点を挙げる。そして自主占有が認められない根拠に次の2点を指摘する。その1つは，YはX₁に対し「所有の意思あることを表示したものとはいえない」点である。他の1つは「Yは，新権原に基づき，自ら所有する意思をもって本件不動産の占有を開始したものとはいえない」点である。

[**127**]　自主占有についての一般的理解[12]によれば，上の2点が引き出される法源を民法185条に見出すことができる。更に，これら185条の要件が満たされるか否かが問題として生じるには，Yの占有には民法186条の推定は否定される，との判断が先にあったこととなる。けれどもこの点につき判旨は何も述べていない。したがって，Yについてのどのような**認定事実**をもって**186条の推定は否定される**と判断したのかも不明なままである[13]。

[**128**]　更に，判旨が，(1)「Yは，X₁に対し……**所有の意思あることを表示したものと**」いえるか否か，(2)「Yは，新権原に基づき，**自ら所有の意思をもって本件不動産の占有を開始したものと**」いえるか否か，これら2つの争点についてそれぞれ否定説が導かれる根拠についても分析の余地がある。まず，争点(1)についてである。判旨はこれに否定説を採る根拠を「Yは，X₁に対し，一旦は本件不動産を取得したい意向を示して交渉したものの，その後交渉を中止したまま現在に至っており，その前後で占有の客観的態様に変更があった事実も認められないから」と述べる。ここから裁判所が「所有の意思の表示」といえるか否かについてルールを形成していることが読み取れる。まず「表示」

---

12)　川島武宜編『注釈民法（7）』（有斐閣，1968年）32頁では，「占有者は，所有の意思を持って占有するものと推定される（186）から，占有の適法権原が所有の意思を排除する性質を持つ場合の他，占有の事実上の性質から上記の推定が働かない場合には，自主占有の成立を主張するためには，本条（185）に定める二つの要件のいずれかをみたしていることを立証しなければならない（参照：大判昭6.5.13法律新聞3273号11頁）」と述べられる。

13)　所有の意思の推定が覆る場合について，最判昭和58年3月24日（民集37巻2号）がある。しかし，本件において参照の有無，および参照の適否等についての記述はない。

についてみると，単に「示すこと」だけでは足りない。「占有の客観的態様の変更」，つまり，所有権取得の「意向を示して」「交渉」を行い，更にこの交渉が「成立」することまでを要件としている。しかし，**なぜ単に「示すこと」だけでは足りないと解釈するのか**，その**解釈基準となる法源は何か**，等について明らかではない。

[**129**] 次に争点(2)についてである。Yが新権原に基づき自ら所有する意思をもって本件不動産の占有を開始したものといえるか否かについても判旨が否定説を採用する根拠は，「昭和46年1月に，Aの遺産につき，Y・X_1およびX_4の間で遺産分割協議が成立した事実はな」いことに求められる。これによれば，判旨は「新権原による占有の開始」について遺産分割協議[14]の「成立」を要求している。この点「新権原による占有の開始」が一般に「占有物につき，物権を取得するために有効な取引行為を行った場合」と解されている[15]ことからその根拠を推測することができる。しかし，いずれにせよ判旨は**なぜ「新権原による占有の開始」について遺産分割協議の「成立」を要すのか**については触れていない。

4　X_1の請求に相続回復請求権の消滅時効が適用される余地について

[**130**] 判旨はX_1の請求につき，「相続回復請求権の消滅時効が適用される余地」を否定する。ここで否定説を採る根拠として，Yが「本来相続回復請求権制度が対象とする者にあたらないというべき」である点が示されている。

しかし，Yが「本来相続回復請求権制度が対象とする者にあたらないというべき」か否かという点を判断基準に採用するには，その形成基準も明らかにされなくてはならない。この点を強調するのは，判旨が「**相続回復請求権制度が**

---

14) 「遺産分割協議」は「物権を取得する為の取引行為」といえるか否かも争点として生じる余地はある。ここでは，結論で遺産分割協議の成立を否定しているので特に取り上げる必要はないだろう。
15) 川島・前注12) 33頁「Ⅱ占有の変更の要件(3)」参照。

対象とする者」に限界を形成すべきか否かにつき肯定説を採るのはなぜか，その判断基準たる法源はあるかが問われるからである。「相続回復請求権」の文言は民法884条にみられるのみであり，これに「相続回復請求権」の対象範囲についての記載はない。この点のみならず，条文には相続回復請求権そのものの内容について何らの規定も見出すことはできないのである。この事実は逆に相続回復請求権の性質，発生原因，当事者等の解釈につき学説や判例に基づく合理性を与えているとも考えられる[16]。このうち判例[17]をみれば，「対象とする者」に制限を加えたものも存在する。しかしこれらの事情の存在は，判旨が「相続回復請求権制度が対象とする者」に制限を加える理由を説明不要とするものではない。けだし，**当該先例に参照価値があるか否か**が問われる余地もあるからである。しかし，これらの点に対する判旨の説明はみられない。

[131]　上にみた先例の引用に関わる問題は，「本来相続回復請求権制度が対象とする者」に当たるか否かの判断基準として，判旨が（i）〜（vi）の要件を挙げる点にもそのまま当てはまる。というのも，前記6つの要件はまったく同じ形で前掲（[130]の注17））の最大判に記述されていることから，判旨が当該判例を形成基準に採用したものと解されるからである。判旨が当該先例を採用したのは当事者の「弁論の全趣旨」によったからだと思われる。しかし，判旨はこれを採用することの合理性についてまったく説明していない。**当該先例で用いられた基準を本件にもそのまま援用する是非**については，なお争点となり得るだろう[18]。

[132]　加えて判旨が，Yに関する認定事実（ア）〜（オ）が上記（i）〜（ii）

---

16)　中川善之助編『注釈民法（24）』（有斐閣，1968年）79頁参照。
17)　最大判昭和53年12月20日（民集32巻9号）。
18)　最大判昭和53年12月20日においては相続回復請求権の消滅時効の援用を認められるべき者について，(i)〜(vi)のような制限を加える点の説明を行っている。しかし，本件判決がこの部分についてまで援用していると認められる根拠はない。したがって，本件判決に「相続回復請求権制度が対象とする者」に限界を形成することの理由はないというほかない。

の要件を充足すると判断する点についても検討の余地がある。けだし，判旨がそう判断した**適用基準は何か**が明らかにされていないからである。この点についてはYに関する認定事実6点から遡及すれば前述（[118]）のように説明できる。しかしながら，**（ア）婚姻に取消事由があるとき→（i）相続人ではない，という適用基準の形成基準は何か**が問われよう。というのは，(i)の効果を発生させるには婚姻の「無効」までを要するとの選択肢もあり得るからである。この選択肢を指摘するのは，複数の選択肢の存在が**なぜそのうちの1つを優先して基準とするか**に関する説明の必要性を意味しているからだけではない。この選択肢を採用した場合，判旨の結論をも変え得るからである[19]。このように考えるのは，この選択肢を採用すれば，(i)〜(vi)の前記要件充足に時間的誤差が生じていることによる。つまり，判旨認定事実によれば，(i) Yの婚姻無効は1992年3月3日と認められるが，(v)の認定は1971年1月23日以降である。**要件充足認定時期の誤差はどれくらい許容されるか**。(i)と(v)間の時間差を許容できないと考える者にとっては，(i)〜(vi)の累積的要件も充足し得ない。その結果，X_1 が**「本来相続回復請求権制度が対象とする者」に当たるか否か**の判断も，本件判旨とは異なり得る。このように考えると，裁判所の判断を当事者が納得するには，(i)に対して（ア）婚姻の取消事由で足りるとする判旨の適用基準の形成過程について，客観的な説明が不可欠になる。しかし，この点も判旨は何ら触れていない。

5 金員支払請求原因について

[133] 最後に，金員支払請求原因についてである。X_1 は「請求原因」において金員支払請求の実体法上の原因を明確には述べていない。そこにはただ，X_1 が本件建物の持分権を有すること，AとYとの婚姻取消判決は1992年3月3日確定したこと，およびYは本件建物を占有していたこと，これら3点が主

---

19) ちなみに前記先例（前注17））では，消滅時効の援用を主張する者は相続に基づく共有持分権のうち，自己に権利のない，他の共同相続人の相続権を侵害していた。

張されるだけである。したがって，当該請求の実体法上の原因決定は，裁判所に委ねられていたと考えられよう。では，**裁判所は当該請求の実体法上の原因を何と判断したか**。判旨のどこをみてもこの点につき述べられていない[20]。それでも判旨が請求認容の判断を下していることを考えれば，請求原因の確定が必ず行われていたはずである。判旨が明確に述べないのは，その必要性が否定されるからであろうか。そうは言っても実体法上の原因如何によっては相異なる結論が導かれ得る。けだし，このことは適用法規の決定過程，そのうち特に独立抵触規定と準拠実質法の決定過程に影響するからである。このことを考えれば，判旨は実体法上の原因をどのように解釈するかについて，明示する必要があろう。

[134]　請求の実体法上の原因に対する解釈は，**具体的に適用法規の決定過程においてどのように影響するか**。本件に即して説明すると次のようになる。まず，X_1 の主張から請求原因として考えられる選択肢は不当利得に基づく返還請求権，不法行為に基づく損害賠償請求権，占有権の効力に基づく請求権，これらの選択肢である。そのうち判旨がいずれを採用したかは明らかではない。この点が不明であれば，準拠実質法に適用根拠を与える独立抵触規定についても，判旨がどの規定を適用したかを確認することはできないだろう。つまり，本件が法例11条1項の単位法律関係（「事務管理，不当利得又ハ不法行為ニ因リテ生スル債権ノ成立及ヒ効力」）に包摂されるのか，それとも法例10条1項の単位法律関係（「動産及ヒ不動産ニ関スル物権其他登記スヘキ権利」）に包摂される[21]の

---

20) 本書の引用部分（[108]）に記述がないことはもとより，残る主文および別紙にも判旨の判断は見出せない。それにも拘らず本件最高裁においては突如として請求原因は「不当利得」であるとの解釈が現れる。この判断が本件地裁判決にも当てはまるか否かは，いずれにせよ明らかでない。
21) 法例10条1項が適用されているとすれば，判旨は本件を占有権に基づく請求と位置付けているのだろう。その場合には，実質法上の判断基準として民法190条，191条，または200条が考えられる。これらの規定は，前者が不当利得と，後者が不法行為との関係に議論の余地がある（淡路他・前注4）125頁以下参照）。こうした理解を前提とすれば，実質法から推測しても，法例の選択において法例10条1項と11条1項のどちらが適用されているか，決することはできないだろう。このことは，法例の性質決定の問題にも関わってくると思われる。

かも不確かなままである。判旨が請求原因について明示的な説明を行っていないのは，本件では上記いずれの独立抵触規定を適用しても日本法が適用されると解したからかもしれない。しかし，請求原因の法的性質を決定しなければ準拠実質法も明らかにならない。この点を強調するのは，準拠実質法が異なれば認定すべき要件も，発生する法律効果も異なり得るからである。一体，判旨の結論を導いたのは民法703条の要件充足が認められたことなのか，709条であったのか，もしくは他の条文であったのか不明なままでは，なぜ請求権が認められるかも知る余地はない。したがって本件判旨に納得することは到底不可能であろう。このように，判旨が実体法上の請求原因をどのように決定するかは，結論に際して重大な影響力を持つ。したがって，裁判所は請求原因をどのような事実から，何と判断したのかを明確に示す責任があるといえよう。

Ⅳ　要約と課題

[**135**]　本章では所有権移転登記等請求事件のうち，地裁判決第一事件，賃料相当損害金請求を素材として取り上げた。判旨は上述のように X_1 の本件建物持分の存在および持分の程度を認定し，これに対するYの2つの抗弁（時効取得，相続回復請求権の消滅時効）を否定することで，X_1 の損害賠償請求権の存在を認めた。ただしその範囲は先に認定した持分を限度とし，その限りでの支払を請求し得るにとどまるとした（前述Ⅰ）。判旨の法律構成の概要とそこで補充され得る争点についても上述した通りである（前述Ⅱ・Ⅲ）。**読者が本件判旨に対して抱いた疑問は控訴審および上告審でどのように判断されたか**。これを知ることと，どのような点に疑問を抱く余地があるかを知ることとは読者の今後の課題である。

第2章

控訴審判決について

I 判決の結論と法律構成

1 判決の結論

[201] 大阪高等裁判所は以下のように述べてYの控訴を棄却した。
"一 原判決主文第一項を次のとおり変更する。
1 YはX₁に対し，原判決別紙……記載の建物を明け渡し，平成4年3月3日から右明渡しずみまで1か月金4万5115円の割合による金員を支払え。
2 被控訴人X₁のその余の請求を棄却する。
二 控訴人のその余の控訴をいずれも棄却する。"

2 判決の法律構成

[202] 判旨が控訴を棄却したのは，原判決に対するYの主張をいずれも排斥したからである。判旨の判断はYの主張に対応する形で行われている。そこでまず，Yの主張を確認することが必要であろう。Yの控訴理由は次の3点からなる。①まず，X₁の本件建物に対する共有持分は60分の5であると主張された。それは，日本法上CX₁間に親子関係が認められないからである。②Yは取得時効の成立も主張した。YはAから相続した3分の1の共有持分を有するものと信じて自主占有を開始したからである。③更に，YはX₁の相続回

復請求権が時効により消滅したことも主張する。その理由は，YA間の婚姻の有効性を信ずる合理性があること，YがAの相続人であると信じたことに過失はないこと，これらにある。

[203]　上記3つの控訴理由のうち判旨の言及がみられるのは①および②についてである（③について触れていないのは原判決に変更なしと判断したからであろう）。まず，判旨はX_1の共有持分の算定についてYの主張と異なる見解を示した。また，Yの取得時効の成否について判旨は否定説を採った。これにより「控訴人のその余の控訴をいずれも棄却する」との結論に至った。それでは，①および②について**判旨はなぜこのような判断を下したのか**。その内容を確認しよう。

[204]　X_1の本件建物に対する共有持分について判旨は次のように述べる。
　　"Cの相続につき韓国法が適用され（平成元年改正前の法例25条），相続人の範囲及び順位，相続分についても旧韓国（1979年改正前）民法773条，774条，1000条，1002条及び1009条に準拠して決せられる結果，Cの財産相続につき，同一家籍にない女子であるX_1の法定相続分は13分の1となるから，X_1は，本件建物につき468分の51の持分を有することとなる。この点に関する当審におけるYの主張は，独自の見解であって採用することができない。
　　1/13 × 1/3+1/12=51/468"

[205]　Yの取得時効の成否に関する説明は以下の部分である。
　　"前記認定の事実によれば，Yは，遅くとも昭和46年1月23日から数ヶ月を経過するまでの間に，本件不動産につき所有権はもとより相続による共有持分もないことを知り，その後は，所有の意思をもって本件不動産を占有したものではないというべきであるから，本件不動産の所有権または共有持分について取得時効が成立するとのYの抗弁は，いずれも理由がない。"

Ⅱ　判決の争点整理

1　はじめに

[206]　本判決の結論と法律構成は上記の通りである。判旨はどのような**争点**

を取り上げ，いかなる解答をしているか。また，そうした**争点をどのような順序で判断したか**。以下ではこれらの点を理解するべく，個々の判断基準に着目して本判決を分析する。その上で，判旨の判断を帰納的に再整理してみよう。

2 個別的争点ごとの整理
(1) X_1 の共有持分の算定について

[207] 上にみたように，判旨は X_1 の本件建物に対する共有持分について原判決（60分の9）とも Y の主張（60分の5）とも異なる判断（468分の51）をしている。**なぜそのような判断をしたのか**。それは共有持分の算定基準につき異なる判断基準を用いるからである。それでは，判旨が用いた**判断基準は何か**。原判決と同様に民法 899 条を適用していると思われる[1]。

[208] 共有持分算定基準たる**民法 899 条はどのような適用過程**を辿ったか。本判決でも「相続分」の算定基準が明らかにされなければならない。第 1 章（[113]）で確認された通り，X_1 には A から直接受ける相続分（a）と，C が A から受けた相続分（b）を C から X_1 が取得する相続分（c）の 2 つが帰属する。そこで以下では，X_1 の相続分の算定過程をみるにあたり，(a)〜(c) をそれぞれ個別に確認することが有用であろう。

まず，相続分（a）についてである。判旨はこれを 12 分の 1 と算定する。このように判断した**算定基準は何か**。おそらく判旨は改正前の日本民法 900 条 4 項を適用していると思われる。X_1 が A について，同条同項但書が定める法律要件「嫡出でない子」に当たるからであろう。

次に，相続分（b）についてである。判旨はこれを 3 分の 1 と算定する。この判断に用いた**算定基準は何か**。改正前の日本民法 900 条 1 項が適用されていると解されよう。C の A に対する関係が，同条同項所定の法律要件「配偶者」に当たるからであろう。

---

1) 詳しくは，本書 [110] 参照。

それでは，相続分（c）についてはどうか。この算定に先立ち判旨はCの財産に対するX₁の相続分を算定する。けだし，X₁のCに対する相続分の範囲で，Cが取得した相続分（b）をX₁が相続するからである。判旨はX₁のCに対する相続分を13分の1と算定する。その**算定基準は何か**。判旨は旧韓国民法773条，774条，1000条，1002条および1009条，これらを挙げる。原判決と同様にこれらの法源の適用範囲はCの相続，Cの相続人の範囲，同相続人の順位，相続分，これらに及ぶからである。その結果相続分（c）はどのように算定されるか。判旨は上記13分の1を相続分（b）（3分の1）に乗じた39分の1と算定している。

判旨はこのような相続分の算定過程を辿った結果，39分の1と12分の1とを合算して468分の51というX₁の相続分を導き出している。

[209] それならば，相続分（a）および相続分（b）については日本法が，X₁のCに対する相続分については韓国法が判断基準とされたのはなぜか。X₁のCに対する相続分について，判旨は改正前法例25条を適用根拠に挙げている。判断基準の形成過程に関わるこの点も，判旨は原判決をそのまま引用するからである。前者2点に関する言及は，原判決同様見受けられない。相続分（b）については，A（日本人）C（韓国人）間に渉外性が認められるため，改正前法例25条が適用されているのだろう。相続分（a）については，AX₁間の相続関係が国内で完結するため，純粋な国内問題として日本法が直接適用されているものと思われる。

(2) Yの取得時効の成否について

[210] 判旨がYの抗弁に理由があるか否かにつき否定説を採るのは，**Yの本件建物の所有権，共有持分双方に関する取得時効の成否につき否定説を採る**からである。このような判断を導く**判断基準は何か**。この点も原判決と同じく民法162条1項であると解される[2]。同条はどのように**適用**されたか。判旨は同

---

2) 詳しくは，本書 [114] 参照。

条の解釈に際し，法律要件「所有ノ意思」の存在を否定する。それは，Yが「遅くとも昭和46年1月23日から数ヶ月を経過するまでの間に，本件不動産につき所有権はもとより相続による共有持分もないことを知」ったこと，「その後は，所有の意思をもって本件不動産を占有したものではないというべきである」こと，これら2点が認定されたからである。

[211] それでは，**なぜ日本法が適用されたのか**。基準の形成に関わるこの点につき本判決，原判決ともに言及していない。したがって，判旨が原判決の形成基準をそのまま適用しているか否かも明らかではない。日本法の適用根拠として推測し得るのは，法例10条1項，同条2項，これら2つである。これらの規定の適用はYの本件建物に対する取得時効の成否を渉外事件と解する場合であるが，判旨はこの点について国内事件と解したのかもしれない。判旨がこのように解したとすれば，当然日本法が適用される。取得時効の成否を国内事件と解することも，日本法適用の形成基準となり得よう。

3 争点関連性の再整理

[212] 判旨が取り上げた争点とその回答は上にみた通りである。以下では，Yの控訴棄却という判旨の結論に着目し，争点を補充しつつ帰納的に再整理する。
(01) Yの控訴を認めるべきか否か（認めるべきではない）
(02) Yの主張は独自の見解か否か（独自の見解である）
(03) X_1のYに対する賃料相当損害金支払請求をどの範囲で認めるべきか（1ヶ月4万5115円）
(04) Yの本件建物占有による損害金はいくらか（1ヶ月41万4000円）
(05) Yは本件建物の賃料としていくら収受していると認められるか（1ヶ月41万4000円）
(06) X_1の本件建物に対する共有持分は何か（468分の51）
(07) X_1の相続分は何か（12分の1 + 39分の1 = 468分の51）
(08) 相続分 (a) （A → X_1）は何か（12分の1）[3]

---

3) 相続分 (a) については原判決と変わりない。この点につき詳細な争点リストは，本書 [121] 争点 (08)～(27) 参照。

第 1 部　所有権移転登記手続等請求事件

- (09) 相続分 (a) の算定基準は何か (改正前民法 900 条 4 号但書)
- (10) 相続分 (c) (A → C → X_1) は何か (3 分の 1 × 13 分の 1 = 39 分の 1)
- (11) 相続分 (b) (A → C) は何か (3 分の 1)[4]
- (12) 相続分 (b) の算定基準は何か (改正前民法 900 条 1 号)
- (13) C → X_1 の相続分の割合は何か (13 分の 1)
- (14) 旧韓国民法 1009 条 1 項と 2 項の効果の内容をどのように解釈するか (X_1・X_4・X_5 の相続分は X_2・X_3 の相続分の 4 分の 1 である)
- (15) 1009 条 2 項の効果は何か (同一家籍内にない女子の相続分は「男子の相続分の 4 分の 1」)
- (16) 1009 条 2 項の効果は発生しているか (している)
- (17) 1009 条 2 項の要件を充足しているか (している)
- (18) 同一家籍にない女子の相続人は誰か (X_1, X_4, X_5)
- (19) 同一家籍にない女子の相続人はあるか (ある)
- (20) 1009 条 2 項の要件は何か (「同一家籍にない女子の相続分」)
- (21) 1009 条 1 項の効果は何か (「その相続分は均分」である)
- (22) 1009 条 1 項の効果は発生しているか (している)
- (23) 1009 条 1 項の要件を充足しているか (している)
- (24) A について同順位の相続人は誰か (X_1 ～ X_5)
- (25) A について同順位の相続人が数人あるか (ある)
- (26) 1009 条 1 項の要件は何か (「同順位の相続人が数人あるとき」)
- (27) 旧韓国民法 1000 条 2 項の効果の内容をどのように解釈するか (X_1 ～ X_5 は共同相続人になるということ)
- (28) 1000 条 2 項の効果は何か (「共同相続人となる」)
- (29) 1000 条 2 項の効果は発生しているか (している)
- (30) 1000 条 2 項の要件を充足しているか (している)
- (31) A について同親等の相続人は誰か (X_1 ～ X_5)
- (32) A について同親等の相続人が数人あるか (ある)
- (33) 1000 条 2 項の要件は何か (「同親等の相続人が数人あるとき」)
- (34) 1000 条 1 項の効果の内容をどのように解釈するか (X_1 ～ X_5 は全員第一順位に当たる)
- (35) X_1 ～ X_5 らは「被相続人の直系卑属」,「被相続人の直系卑属」,「被相続人の兄弟姉妹」,「被相続人の 8 親等以内の傍系血族」のうちどれに該当するか (「被相続人の直系卑属」)
- (36) 1000 条 1 項の効果は何か (財産相続の順位の決定)
- (37) 1000 条 1 項の効果は発生しているか (している)
- (38) 1000 条 1 項の要件を充足しているか (している)
- (39) A の相続財産は何か (本件建物も含まれる)

---

4)　相続分 (b) についても原判決と変わりない。この点につき詳細な争点リストは, 本書 [121] 争点 (30)～(54) 参照。

第 2 章　控訴審判決について

(40) A に相続財産はあるか（ある）
(41) A の相続人は誰か（$X_1 \sim X_5$, C）
(42) A の相続人は複数いるか（いる）
(43) 1000 条 1 項の要件は何か（相続人が複数存在すること，相続財産の存在）
(44) 旧韓国民法 774 条の効果の内容をどのように解釈するか（X_1, X_2 と C との親子関係の成立）
(45) 774 条の効果は何か（「その配偶者の出生子と同一なものとみなす」）
(46) 774 条の効果は発生しているか（発生している）
(47) 774 条の要件は充足しているか（している）
(48) 婚姻外の出生子は誰か（X_1, X_2）
(49) 父の配偶者は誰か（C）
(50) 「婚姻外の出生子と父の配偶者，その血族および姻戚」はいるか（いる）
(51) 774 条の要件は何か（「婚姻外の出生子と父の配偶者，その血族および姻戚との間の親系および親等」）
(52) 旧韓国民法 773 条の効果の内容をどのように解釈するか（X_3, X_4, X_5, C との親子関係の成立）
(53) 773 条の効果は何か（X_1 を「出生子と同一なものとみなす」）
(54) 773 条の効果は発生しているか（している）
(55) 773 条の要件は充足しているか（している）
(56) A の前妻の出生子は誰か（X_3, X_4, X_5）
(57) X_1 の継母は誰か（C）
(58) 「前妻の出生子と継母，その血族および姻戚」はいるか（いる）
(59) 773 条の要件は何か（「前妻の出生子と継母，その血族および姻戚との間の親系および親等」）
(60) 相続人の範囲および順位，相続分について定める韓国法は何か（旧韓国民法 773 条，774 条，1000 条，1002 条，1009 条）
(61) 韓国法のうちどの規定によるか（相続人の範囲および順位，相続分について定める規定による）
(62) C の本国法は何か（韓国法）[5]
(63) C → X_1 の相続分の算定基準を何により決めるか（改正前法例 25 条による）
(64) X_1 の相続分の算定はどのように行うか（相続分 (a) + 相続分 (c)）
(65) X_1・A・C の相続関係はどのようになっているか（「A → X_1」（相続 (a)）と「A → C（相続 (b)）→ X_1」（相続 (c)）がある）
(66) X_1 の本件建物に対する所有権の割合をどのように決めるか（民法 899 条による）
(67) 民法 703 条の効果は何か（X_1 の本件建物に対する所有権の割合により損害金を請求できる）
(68) X_1 の賃料相当損害金支払請求をどの範囲で認めるかを何により決めるか（民法

---

5) これより争点 (69) までは原判決と変わらないので，更に大きな争点のみを挙げる。詳しい争点リストは，本書 [121] 争点 (67) 〜 (88) 参照。

— 35 —

第1部　所有権移転登記手続等請求事件

703条)
(69) X₁の賃料相当損害金支払請求の認否（認める）
(70) Yの本件建物に対する取得時効の成立は認められるか（認められない）
(71) 民法162条1項の効果は発生しているか（していない）
(72) 民法162条1項の要件を充足しているか（していない）
(73) Yは本件不動産を自主占有しているか（していない）
(74) 民法186条の効果は発生しているか（していない）
(75) 民法186条の要件を充足しているか（していない）
(76) Yは新権原がないことを知っていたか（知っていた）
(77) Yは本件不動産につき所有権も相続による共有持分もないことを知っていたか（知っていた）
(78) 新権原に基づく占有か否かをどのように判断するか（新権原があること，新権原がないことを知らないこと，これらによる）
(79) 民法186条1項の要件をどのように解釈するか（新権原に基づく占有）
(80) 民法186条1項の要件は何か（「占有」）
(81) 自主占有しているか否かを何により判断するか（民法186条1項）
(82) 民法162条1項の個々の要件をどのように解釈するか（「所有ノ意思ヲ以テ……占有」すること，を自主占有と解釈する）
(83) 民法162条1項の要件充足には何が必要か（個々の要件をすべて充足すること）
(84) 民法162条1項の要件を充足するか否かを何により決めるか（認定事実による）
(85) 民法162条1項の要件は何か（「20年間」＋「所有ノ意思ヲ以テ」＋「平穏且公然ニ」＋「他人ノ物ヲ」＋「占有シ」ている者であること）
(86) 取得時効を定める規定は何か（民法162条1項）[6]
(87) X₁の本件請求に相続回復請求権の消滅時効が適用されるか（されない）
(88) X₁はAの相続人か（相続人である）
(89) 本件請求権の有無を定める実質規定は何か（民法703条）
(90) 本件請求権の有無は，法例のどの規定の単位法律関係に包摂されるか（法例11条1項）
(91) Yの控訴の認否をどのように判断するか（X₁の本件賃料相当損害金支払請求の認否の判断基準による）

[213]　上の争点の関連性は以下のようになる。
　まず，Yが主張する取得時効の成否については，(86)〜(70)の争点連鎖を

---

[6] これより以下の法律構成を，本判決はすべて原判決に依拠している。原判決が言及していない点までも原判決が念頭に置いた法律構成を採用したか否かは不明であるが，詳しい争点リストは原判決が参考となろう。本書［121］争点（120）以下参照。

辿る。これにより（69）となる。その上で，X_1 の本件建物に対する持分については，(66) により (10) かつ (08)，よって (06) という争点連鎖を辿るので，(03) となる。したがって，(01) という結論に至る。

III　判決の分析と検討

[214]　これまでの検討を通じ，判旨の判断基準に関する説明の不備が指摘される。

　例えば，X_1 の本件建物に対する共有持分についてである。X_1 の相続分算定に際し，判旨が法源を明示しているのは X_1 の C から受ける相続分についてのみである。相続分 (a) および相続分 (b) の算定基準については原判決を採用するからであろう。しかしながら，第1章でみたように原判決もこの判断に用いた法源を明確にしていない。判旨が，**法源の説明不備をも含めて原判決を採用することの是非**については評価が分かれよう。

　また，X_1 の C から受ける相続分の算定基準に挙げられている複数の韓国実質法（[208]）についても，その適用過程が明らかではない。この点を強調するのは，判旨が X_1 の C から受ける相続分を 13 分の 1 と算定することには全面的に賛成し得ないからである。というのは，判旨が示す諸規定を用いて著者が考えられ得るすべての算定方法を尽くしても，13 分の 1 という数字は算出されないからである。こうした事実を踏まえれば，なぜ判旨が共有持分に関する Y の主張を排斥したのかという点に，疑問が生じ得よう。各規定の適用基準を可能な限り細かく示す必要がある。

　このような判断基準の不備は，Y の取得時効の成否についても当てはまる（[211] 参照）。法による裁判が求められている（憲法76条3項）裁判所は，個々の判断に際していかなる法源を適用したか，明確に示す必要があるだろう。

第 1 部　所有権移転登記手続等請求事件

Ⅳ　要約と課題

[**215**]　判旨は上にみた通り，X_1 の共有持分に関する Y の主張も，Y の取得時効に関する Y の主張も否定した。その根拠の多くを原判決に依拠したが，判旨は X_1 の共有持分については原判決を変更した。その算定過程については前記の通りである。こうした整理から，次の点が課題となろう。それは，準拠法の決定をどれほど個別に行うかという点である。この点については次章の分析も参考になろう。

第 3 章

上告審判決について

I　判決の結論と法律構成

1　判決の結論

[301]　X₁ の Y に対する賃料相当損害金支払請求について最高裁は次のように述べて，上告人たる Y の主張を一部排斥し，原判決を変更した。

　　"Y は本件土地建物の各 3 分の 1 の持分を時効取得したというべきである。"

　　"X₁ の第一事件請求のうち賃料相当額の金員支払請求は，Y が本件土地建物の賃借人から収受している賃料につき，X₁ の本件建物の持分割合に相当する分について不当利得の返還請求を求めるものであると解される。しかしながら，共有者の一人が共有物を他に賃貸して得る収益につきその持分割合を超える部分の不当利得返還を求める他の共有者の請求のうち事実審の口頭弁論終結時後に係る請求部分は，将来の給付の訴えを提起することのできる請求としての適格を有しないから（最高裁昭和……63 年 3 月 31 日……判決・裁判集民事 153 号 627 頁参照），X₁ が Y に対し原審口頭弁論終結日の翌日である平成 6 年 10 月 20 日以降の賃料相当額の金員支払を請求する部分に係る訴えは，却下を免れない。"

　　"X₁ の原審口頭弁論終結日までの賃料相当額の金員支払請求部分については，X₁ が相続した本件建物の持分である 12 分の 1 から Y が時効取得したその 3 分の 1 を控除し，18 分の 1 の持分に相当する限度で認容するべきである。すなわち，X₁ の Y に対する本件建物の賃料相当額の金員支払請求は，1 箇月当たり 41 万 4000 円に 18 分の 1 を乗じた 2 万 3000 円の限度で認容すべきである。"

第1部　所有権移転登記手続等請求事件

2　判旨の法律構成

[302]　以上のように，判旨が原判決を変更し，X_1の請求を一部棄却したのは，「原判決には……判決に影響を及ぼす法令の違背があるというべき」だからである。このような判断を下した判旨の法律構成はYの上告理由を前提とする。そこで，Yの法律構成をみてみよう。

　本件請求に関するYの上告理由は3点である。①まず，Yは取得時効の成否について民法186条1項の適用の誤りを主張した。Yがその根拠に挙げているのは，同条同項所定の法律要件「所有ノ意思」の有無が「外見的客観的にみて他人の所有権を排斥して占有する意思を有していなかったものと解される事情が認められるか否か」により判断されること，その結果Yが本件建物の共有部分を自主占有したことにより時効取得すること，Yが共有者としての自主占有まで覆されるような事情は認められないこと，これらである。②次に，Yは改正前法例の解釈適用の誤りも述べる。それは，相続の先決問題に当たる親子関係の有無については改正前法例25条ではなく同法22条または韓国渉外私法24条によるべきだからである。③また，Yは②が排斥される場合に備え，予備的に旧韓国民法の解釈に誤りがあることも主張した。

[303]　判旨はまずYの取得時効の成否につき，「Yは本件土地建物の各3分の1の持分を時効取得したというべきであ」ると判断した。これによりYの主張①が認められた一方で，残る本件建物の3分の2についてはAの相続人の財産であることが肯定された。その上で，判旨はX_1の賃料相当損害金支払請求につき，「原審口頭弁論終結日……以降の賃料相当額の金員支払を請求する部分に係る訴えは，却下を免れない」こと，「原審口頭弁論終結日までの賃料相当額の金員支払請求部分については……認容するべきである」こと，この2点を判断した。また，後者の期間と金額の算定については，原判決（1992年3月3日～本件建物明渡日まで，1ヶ月4万5115円）と判断を異（1992年3月3日～1994年10月19日まで，1ヶ月2万3000円）にする。判旨は①Yの取得時効の成否，および②X_1の賃料相当損害金支払請求の認否につき**なぜこのような判断**

を下したのか。それを説明する本判旨の内容をみていこう。

[304]　まず，Yの取得時効の成否については次のように述べられている。
　　"民法186条1項の規定は，占有者は所有の意思で占有するものと推定しており，占有者の占有が自主占有に当たらないことを理由に取得時効の成立を争う者は当該占有が所有の意思のない占有に当たることについての立証責任を負う（……）。そして，所有の意思は，占有者の内心の意思によってではなく，占有取得の原因である権原又は占有に関する事情により外形的客観的に定められるべきものである（……）。
　　これを本件についてみると，原審は，YがA死亡後単独で本件土地建物を占有している事実を確定しつつ，Yが占有開始後に自己が所有者又は持分権者でないことを知ったという内心の意思の変化のみによって所有の意思の推定を覆しており，民法186条1項の所有の意思の推定が覆される場合について法令の解釈適用を誤った違法があるといわざるを得ず，その違法は原判決の結論に影響を及ぼすことが明らかである。論旨には理由がある。
　　そして，前記確定事実によれば，YはAの相続人として，Aが死亡した日である昭和45年5月16日に本件土地建物の占有を開始し，その後20年間その占有を継続しているところ，自己がAの唯一の配偶者で3分の1の法定相続分を有するものとして占有を開始したと見るべきであるから，X₁らが他にYの占有が所有の意思のないものであることを基礎付ける事情を何ら主張していない本件においては，本件土地建物の各3分の1の持分を時効により取得したものというべきである。"

[305]　X₁の賃料相当損害金支払請求についての説明は以下の部分である。
　　"(一)　渉外的な法律関係において，ある1つの法律問題（本問題）を解決するためにまず決めなければならない不可欠の前提問題があり，その前提問題が国際私法上本問題とは別個の法律関係を構成している場合，その前提問題は，本問題の準拠法によるのでも，本問題の準拠法が所属する国の国際私法が指定する準拠法によるものでもなく，法廷地がある我が国の国際私法により定まる準拠法によって解決するべきである。
　　これを本件についてみると，Cの相続に関する準拠法は，旧法例25条により被相続人であるCの本国法である韓国法である。韓国民法1000条1項1号によれば，Cの直系卑属が相続人となるが，相続とは別個の法律関係であるX₁らがCの直系卑属であるかどうか，すなわちCとX₁らの間に親子関係が成立しているかどうかについての準拠法は，我が国の国際私法により決定する。
　　(二)　親子関係の成立という法律関係のうち嫡出性取得の問題を1個の独立した法律関係として規定している旧法例17条，18条の構造上，親子関係の成立が問題になる場合には，まず嫡出親子関係の成立についての準拠法により嫡出親子関

第1部　所有権移転登記手続等請求事件

係が成立するかどうかを見た上，そこで嫡出親子関係が否定された場合には，右嫡出とされなかった子について嫡出以外の親子関係の成立の準拠法を別途見いだし，その準拠法を適用して親子関係の成立を判断すべきである。

　旧法例17条によれば，子が嫡出かどうかはその出生当時の母の夫の本国法によって定めるとされており，同条はその文言上出生という事実により嫡出性を取得する嫡出親子関係の成立についてその準拠法を定める規定であると解される。そうすると，出生以外の事由により嫡出性を取得する場合の摘出親子関係の成立については，旧法例は準拠法決定のための規定を欠いていることになるが，同条を類推適用し，嫡出性を取得する原因となるべき事実が完成した当時の母の夫の本国法によって定めるのが相当である。

　したがって，……X_1及び同X_2がAによるX_1・X_2の認知によってA・C夫婦の嫡出子となるかどうかについては，AがX_1・X_2を認知した当時（……）のAの本国法である日本法が準拠法となるというべきである。

　そうすると，……X_3・X_4・X_5はCの相続人となる（……）。他方，X_1及びX_2は，日本民法によりCの嫡出子であるとは認められないことになる。

　（三）　上のようにCの嫡出子であるとは認められないX_1及びX_2について，更にCとの間に嫡出以外の親子関係が成立するかどうかを検討する。

　旧法例18条1項は，その文言上認知者と被認知者間の親子関係の成立についての準拠法を定めるための規定であると解すべきであるから，その他の事由による親子関係の成立につていは，旧法例は準拠法決定のための規定を欠いていることになる。その他の事由による親子関係の成立のうち，血縁関係がない者の間における出生以外の事由による親子関係の成立については，旧法例18条1項，22条の法意にかんがみ，親子関係を成立させる原因となるべき事実が完成した当時の親の本国法及び子の本国法の双方が親子関係の成立を肯定する場合にのみ，親子関係の成立を認めるのが相当である。

　したがって，AがX_1及び同X_2を認知することによってCとX_1・X_2の間に親子関係が成立するかどうかについては，右認知当時のCの本国法である韓国法とX_1・X_2の本国法である日本法の双方が親子関係の成立を肯定するかどうかをみるべきであり，日本法ではCとX_1・X_2の間に親子関係が成立しないから，韓国法の内容を検討するまでもなく，CとX_1・X_2の間の親子関係は否定され，結局，X_1・X_2は，Cの相続人にはならないというべきである。

　上記と異なり，Cと被上告人X_1間の親子関係の成立について，韓国法を準拠法としてこれを肯定した原審の判断には，法令の解釈適用を誤った違法があり，その違法は原判決の結論に影響を及ぼすことが明らかである。論旨は右の趣旨をいうものとして理由がある。原判決中，第一事件請求のうち本件建物の賃料相当額の金員支払請求につき，X_1がCの相続人であることを前提に計算した額の支払いを命じた部分は，破棄を免れない。

　　……

　被上告人X_1及び同X_2は，Aの死亡により，その非嫡出子としてそれぞれ本件

土地建物の各12分の1の持分を取得した。"

Ⅱ　判決の争点整理

1　個別的争点ごとの整理

[306]　それでは，上にみた**判旨はそれぞれどのように整理されるか**。以下各論点ごとに，判旨の法律構成を辿ってみる。

(1)　Yの取得時効の成否について

[307]　判旨はまず**Yの本件建物に対する取得時効の成否**に対し肯定説を採る。肯定説を導く判断基準は，原判決と同様，民法162条1項であると思われる[1]。それにも拘らず，判旨が原判決と結論を異にするのはこの適用過程が異なるからである。判旨は同条同項の解釈上，法律要件「所有ノ意思」の有無につき肯定説を採る。肯定説を採る根拠は「所有ノ意思」の有無の判断基準に民法186条1項を用いたからである[2]。判旨と原判決とは186条1項の解釈に違いがある。判旨の解釈は，「占有者の占有が自主占有に当たらないことを理由に取得時効の成立を争う者は当該占有が所有の意思のない占有に当たることについての立証責任を負う」こと，「所有の意思は，占有者の内心の意思によってではなく……外形的客観的に定められる」こと，これら2点である。**判旨はなぜこのような解釈を採るのか**。その根拠にはそれぞれ複数の裁判例[3]が列挙されている。

　上記の解釈により原判決が破棄されるのはなぜか。それは，原判決に「民法

---

1)　判断基準の形成過程については[116]および[211]参照。
2)　民法186条1項を用いる根拠（判断基準の形成過程）については，[212]（81）～（91）参照。
3)　上記2つの解釈のうち前者については，最高裁昭和54年7月31日第3小法廷判決（裁判集民事127号315頁）が挙げられている。また後者については，最高裁昭和45年6月18日第1小法廷判決（裁判集民事99号375頁）最高裁昭和47年9月8日第2小法廷判決（民集26巻7号1348頁）最高裁昭和58年3月24日第1小法廷判決（民集37巻2号131頁）が挙げられている。

第1部　所有権移転登記手続等請求事件

186条1項の……解釈適用を誤った違法がある」こと，「その違法は原判決の結論に影響を及ぼすことが明らかである」こと，これらが認定されたからである。このうち原判決の法令の解釈適用が違法と認定された理由は，原判決が「Yが……占有している事実を確定し」ていたこと，Yが抱く所有の意思の推定を「内心の意思の変化のみによって」覆したこと，これらにある。

　それならば，**なぜ原判決による法令の解釈適用の誤りが「原判決の結論に影響を及ぼすことが明らか」なのか**。それを証明するため，判旨は上記の解釈に基づきYの取得時効の成否を肯定説に変更した。それは判旨が，X_1 がYの占有が所有の意思のない占有に当たることを立証しているか否かに対して否定説を採るからである。その根拠は，Yによる20年間の占有の継続が認定されること，X_1 が「Yの占有が所有の意思のないものであることを基礎付ける事情を何ら主張していない」こと，これらに求められる。

[308]　それでは，**Yの取得時効の成立をどの範囲で認めるか**。判旨はこれを3分の1と判断した。この判断に用いた**判断基準は何か**。それはYがどの程度**本件建物に対して162条1項に定める「所有ノ意思」**を有していたかによる。判旨はこの点をYA間に婚姻関係が認められる場合のYの相続分により特定した。Yの相続分が3分の1とされたのは，改正前民法900条が適用されたからである。この点は原判決と変わらない。

(2)　本件建物の賃料相当額の金員支払請求について
[309]　次に本件建物の賃料相当額の金員支払請求についてである。判旨が前述（[303]）のように判示したのはなぜか。判旨がこのような法律構成を採るに至った過程を以下に再現しよう。

[310]　まず，原審口頭弁論終結日以降の請求部分に係る訴えを却下するのはなぜか。それは，X_1 の請求が「将来の給付の訴えを提起することのできる請求としての適格を有」するか否かにつき否定されるからである。判旨が否定説

第 3 章 上告審判決について

を採るのは，X_1 が Y に対する「他の共有者」に当たるか否か，X_1 の請求が「共有者の一人が共有物を他に賃貸して得る収益につきその持分割合を超える部分の不当利得返還を求める」ものか否か[4]，X_1 の請求に「事実審の口頭弁論終結時後に係る請求」を含むか否か，これら 3 点のいずれも肯定されるからである。

それでは，なぜ上の 3 点に肯定説を採ることで原審口頭弁論終結日以降の請求を退けることになるのか。判旨は基準の形成に，最判昭和 63 年 3 月 31 日を挙げている。なぜ当該裁判例に依拠するのかについては不明である。

[311] 次に，**原審口頭弁論終結日前の請求の認否**についてである。これに肯定説を採るのは原判決と変わらない。本判決では本件請求を「不当利得の返還請求」であると認定していることから，民法 703 条がその判断基準となっていることが明らかになる[5]。

[312] それならば，**本件請求をどの範囲で認めるか**。判旨はこれを 1 ヶ月「2 万 3000 円の限度で認容すべきである」と判断している。この点が原判決と異なるのは，Y の当該占有より受ける X_1 の損害を異なる範囲で認めたからである。判旨が認める損害の範囲は 18 分の 1 である。この数値は「X_1 が相続した本件建物の持分である 12 分の 1」のうち，Y 取得部分である 3 分の 1 を控除して算出された。3 分の 1 が控除されたのは，前記（[308]）の通り，Y の本件建物に対する取得時効が 3 分の 1 の範囲で認められたからである。

---

4) この点が肯定されるのは，「不当利得」の定義に「Y の本件建物の賃貸しの持分割合を超える収益」が当てはまるからであろう。不当利得とは「法律上の原因なしに他人の財産又は労務によって利益を受け，そのため他人に損害を及ぼす行為」（内閣法制局 法令用語研究会編『有斐閣 法律用語辞典』（有斐閣，1998 年）1169 頁）と説明されている。本件においては X が本件建物の賃貸しから自分の持分を越えて，本件建物の共有者である Y らの持分からも収益を得ているとする行為が該当するとしているのだろう。
5) この判断基準については，第一審判決，原判決とも不明であった。この判断基準の形成過程も含め，詳しくは本書 [121] 争点 (170)～(186)，[133] および [134] を参照。

それならば，判旨が**X₁の本件建物に対する共有持分を 12 分の 1 であると算定するのはなぜか**。判旨はこの算定基準に原判決と同じく民法 899 条を想定していると思われる[6]。同じ算定基準により原判決（468 分の 51）とは異なる算定結果が導き出されるのは，同条の適用過程が異なるからである。判旨は同条の解釈上，X₁ の相続分を 12 分の 1 であると特定した。これは X₁ が非嫡出子として A から受けた相続分（相続分（a））のみである。原判決において認められた**X₁ の C から受ける相続分（相続分（c））が，本判決で認められなかったのはなぜか**。相続分（c）の算定基準に判旨は旧韓国民法 1000 条 1 項 1 号を挙げる[7]。これにより X₁ の相続分（c）が否定されたのは，判旨がこの適用過程において，X₁ が「直系卑属」に当たらないと認定したからである。

X₁ が C の「直系卑属」に当たらないとした判断基準は何か。この点につき判旨は「韓国法と……日本法の双方が親子関係の成立を肯定するかどうかをみるべきであ」ると述べている。**この基準はどのように適用されたか**。判旨は日本法の解釈上「C と X₁・X₂ の間に親子関係が成立しないから，韓国法の内容を検討するまでもなく，C と X₁・X₂ の間の親子関係は否定され」ると判断している。**日本法のうちどの規定によったかは明示されていない**。

[313]　それでは，**相続分（c）の算定基準には韓国法が適用され，CX₁ 間の親子関係の成否の判断基準には韓国法と日本法とが累積的に適用されるのはなぜか**。まず前者については，原判決と同様に改正前法例 25 条が適用され，「C の本国法である韓国法」が指定されたからである。では，**相続関係における準拠法がそのまま CX₁ 間の親子関係にも適用されないのはなぜか**。それは，判旨が法例の適用過程において本問題の「前提問題は，本問題の準拠法による」ものではないと考えるからである。**判旨のいう「前提問題」とは何か**。それは，(ア)「ある 1 つの法律問題（本問題）を解決するためにまず決めなければならない不可欠の」問題であり，かつ (イ) 本問題とは「別個の法律関係を構成し

---

6)　この判断基準の形成過程も含め，[110] を参照。
7)　この判断基準の形成過程については，[209] を参照。

ている」ものであると説明されている。それでは，**前提問題の解決基準は何か**。この点につき判旨は，「本問題の準拠法が所属する国の国際私法が指定する準拠法によるのでもなく，法廷地である我が国の国際私法により定まる準拠法によって解決すべきである」と述べている。こうした法例の解釈適用方法に，本判決と原判決との違いが見出されよう[8]。

[314]　判旨は上の解釈の適用に先立ち，CX_1間の親子関係の成否という問題が上記2つの要件（ア）および（イ）を充足するとして，相続問題の「前提問題」であることを認定した。その上で，上記の**法例に対する解釈によるとCの相続関係とCX_1間の親子関係の準拠法に違いが生じるのはなぜか**。それは準拠法決定過程が異なるからである。上記親子関係につき判旨が挙げている準拠法の決定・適用過程は2段階構成を採る。第1段階は，「嫡出親子関係の成立についての準拠法により嫡出親子関係」の成否を判断する。この点が否定された場合は，第2段階として「嫡出とされなかった子について嫡出以外の親子関係の成立の準拠法を別途見出し，その準拠法を適用して親子関係の成立を判断す」る。判旨がこのような基準を形成したのは，「旧法例17条，18条の構造」を考慮したからである。この2つの規定が考慮されたのは，「嫡出性取得の問題を一個の独立した法律関係として規定している」ことによる。

[315]　上記の準拠法決定基準はどのような**適用過程**を辿ったか。判旨は第1段階として**CX_1間の嫡出親子関係の成否**につき否定説を採る。否定説を導く**判断基準は何か**。判旨はこれに日本民法を挙げている。**日本民法のうちいずれの規定を用いたかは不明である**。

　それでは，**なぜ日本法が判断基準とされたのか**。判断基準の形成基準に判旨は改正前法例17条の類推適用を挙げる。同条の解釈上，「AがX_1・X_2を認知した当時（……）のAの本国法である日本法」が指定される。同条を類推適

---

8)　原判決は相続分（c）の算定基準における準拠法を，CX_1間の親子関係の成否にも適用している。詳しくは，[113] および [208] 参照。

用するのは，「出生以外の事由により嫡出性を取得する場合の嫡出親子関係の成立については，旧法例は準拠法決定のための規定を欠いている」からである。判旨がこのように判断したのは，同条を「出生という事実により嫡出性を取得する嫡出親子関係の成立についてその準拠法を定める規定である」と解釈したことによる。

こうして第1段階が否定されたことにより，判旨は第2段階の検討へと移った。判旨は CX_1 間の嫡出以外の親子関係の成否につき否定説を採る。**否定説を採る根拠は何か**。判旨は韓国法と日本法の2つを判断基準に用いたからである。ここでも判旨は，当該親子関係の成否を判断するには，韓国法と日本法の双方により肯定されなければならないとする。この判断基準の適用過程で判旨は日本法による親子関係の成立を否認した。

それでは，なぜ韓国法と日本法双方の規定を判断基準に用いるのか。それは判旨が，「血縁関係がない者の間における出生以外の事由による親子関係」の成否は「親子関係を成立させる原因となるべき事実が完成した当時の親の本国法及び子の本国法の双方」による，という独立抵触規定を想定したことによる。同規定の解釈上Cの本国法である韓国法と X_1 の本国法である日本法が指定された。このような基準が形成されたのは，改正前法例18条1項および22条の「法意」が考慮されたことによる。両規定の「法意」が考慮された理由には，当該親子関係の成否に関する準拠法決定規定の欠缺が挙げられている。判旨がこのように判断したのは改正前法例18条1項の適用範囲を「認知者と被認知者間の親子関係の成立についての準拠法を定めるための規定である」と限定的に解釈したからである。Cと X_1 との関係が「認知者と被認知者」の関係に当てはまらないため，同条同項の適用が否定されている。

2 争点関連性の再整理

[316]　Yの上告理由に答える判旨の法律構成は上に確認された通りである。以下では，上告理由の認否という結論部分に着目して争点補充を行い，帰納的手法による争点関連表を示す（かっこ内の表記は判旨の判断である）。

第 3 章　上告審判決について

(01) Y の上告理由を認めるべきか否か（一部認めるべきである）
(02) X_1 の Y に対する賃料相当損害金支払請求をいくら認めるか[9]（1 ヶ月 41 万 4000 円 × 18 分の 1 ＝ 2 万 3000 円の割合）
(03) X_1 が本件建物全体に対して有する所有権の割合は何か（3 分の 2 × 12 分の 1 ＝ 18 分の 1）
(04) X_1 の本件建物に対する共有持分は何か（12 分の 1）
(05) X_1 の A から受ける相続分 (a) は何か（12 分の 1）
(06) X_1 の相続分は何により算定されるか（相続分 (a) による）
(07) AX_1 間の相続関係の有無（ある）
(08) CX_1 間の相続関係の成否（成り立たない）
(09) CX_1 間の親子関係の成否（成り立たない）
(10) CX_1 間の嫡出以外の親子関係の成否（成り立たない）
(11) 民法は認知者と被認知者間以外の当事者間における嫡出以外の親子関係の成立を認めているか（認めていない）
(12) 日本法のうちどの法律が適用されるか（民法）
(13) A の X_1 に対する認知当時の X_1 の本国法はどこか（日本法）
(14) CX_1 間の親子関係を成立させる原因となるべき事実は何か（A の X_1 に対する認知）
(15) 改正前法例 18 条および 22 条の連結点に表された法意により指定される親の本国法と子の本国法の関係は何か（両方肯定されなければならない）
(16) 改正前法例 18 条および 22 条の連結点に表された法意をどのように解釈するか（親子関係を成立させる原因となるべき事実が完成した当時の親の本国法および子の本国法の双方による）
(17) 改正前法例 18 条および 22 条の単位法律関係に表された法意に該当するか（該当する）
(18) CX_1 間の親子関係の成否は出生以外の事由によるか（よる）
(19) CX_1 間の血縁関係の有無（なし）
(20) 改正前法例 18 条および 22 条の単位法律関係に表された法意をどのように解釈するか（認知以外の事由による親子関係の成立のうち血縁関係がない者の間における出生以外の事由による親子関係の成立について，と解釈する）
(21) CX_1 間の嫡出親子関係の成否に改正前法例 18 条および 22 条をどのように適用するか（法意を考慮する）
(22) CX_1 間の嫡出親子関係の成否は改正前法例 18 条の単位法律関係に包摂されるか（されない）
(23) C と X_1 の関係は認知者と被認知者の関係か否か（認知者と被認知者の関係ではない）

---

9) ここで列挙されている本件賃金相当損害金支払請求に関する争点リストは，特に第一審判決の争点表（［121］）中の争点 (01)〜(88) に当たり，原判決の争点表（［212］）中の争点 (03)〜(68) に当たる。詳しくはこれらを参照。

第1部　所有権移転登記手続等請求事件

(24) 改正前法例18条1項の単位法律関係をどのように解釈するか（認知者と被認知者間の親子関係の成否）
(25) 改正前法例18条1項の単位法律関係は何か（「子ノ認知ノ要件」）
(26) 改正前法例18条1項の単位法律関係をどのように解釈するかを何により決めるか（同項の文言）
(27) 改正前法例18条1項を直接適用できるか否かは何により決めるか（同条の単位法律関係に包摂されるか否かによる）
(28) 改正前法例18条1項および22条をどのように適用するか（18条の直接適用の可否による）
(29) CX_1間の嫡出以外の親子関係の成否をどのように決めるか（改正前法例18条1項および22条による）
(30) CX_1間の嫡出親子関係の成否（成り立たない）
(31) 民法は出生以外の事実により嫡出を取得する嫡出親子関係の成立を認めているか（いない）
(32) 日本法のうちどの法律が適用されるか（民法）
(33) AのX_1に対する認知当時のAの本国法はどこか（日本法）
(34) AのX_1に対する認知当時のCの夫は誰か（A）
(35) AのX_1に対する認知当時の母は誰か（C）
(36) 嫡出性を取得する原因となるべき事実とは何か（AのX_1に対する認知）
(37) 改正前法例17条の連結点をどのように類推解釈するか（嫡出性を取得する原因となるべき事実が完成した当時の母の夫の本国法による）
(38) CX_1間の嫡出親子関係の成否に改正前法例17条をどのように適用するか（類推適用する）
(39) CX_1間の嫡出親子関係の成否は改正前法例17条の単位法律関係に包摂されるか（されない）
(40) CX_1間の嫡出親子関係の成否は出生という事実により嫡出を取得する嫡出親子関係の成否か否か（出生という事実によらない嫡出である）
(41) 改正前法例17条の単位法律関係をどのように解釈するか（出生という事実により嫡出性を取得する嫡出親子関係の成否）
(42) 改正前法例17条の単位法律関係は何か（「子ノ嫡出ナルヤ否ヤ」）
(43) 改正前法例17条の単位法律関係をどのように解釈するかを何により決めるか（同条の文言）
(44) 改正前法例17条を直接適用するか類推適用するかは何により決めるか（単位法律関係に包摂されるか否かによる）
(45) 改正前法例17条をどのように適用するか（直接適用または類推適用による）
(46) CX_1間の嫡出親子関係の成否をどのように決めるか（改正前法例17条による）
(47) 親子関係の成否に関する準拠法決定過程の第1段階は何か（嫡出親子関係の成否）
(48) 親子関係の成否に関する準拠法決定過程の第2段階は何か（嫡出以外の親子関係の成否）

第 3 章　上告審判決について

(49) 親子関係の成否に関する準拠法決定過程の2段階構成の関係は何か（第1段階を検討し，第1段階が排斥された場合に第2段階を検討する）
(50) 親子関係の成否についてはどのような準拠法決定過程を辿るか（2段階構成を辿る）
(51) 改正前法例17条, 18条の構造は何を示しているか（親子関係の成否に関する準拠法決定過程）
(52) 改正前法例17条, 18条のうち何を用いるか（両規定の構造）
(53) 法例のうち嫡出性取得の問題を一個の独立した法律関係として定める規定は何か（改正前法例17条および18条）
(54) 法例のどの規定を適用するか（嫡出性取得の問題を一個の独立した法律関係として規定しているもの）
(55) 法廷地国際私法は何か（法例）
(56) 法廷地国際私法の有無（ある）
(57) 前提問題の解決基準をどのように決めるか（法廷地国際私法による）[10]
(58) 前提問題に本問題の準拠法を適用するか（適用しない）
(59) CX_1間の親子関係の成否という問題は相続関係の成否という問題の前提問題か否か（前提問題である）
(60) CX_1間の親子関係の成否という問題は相続関係の成否という問題と別個の法律関係を構成しているか（している[11]）
(61) CX_1間の親子関係の成否という問題は相続関係の成否を決めるためにまず決めなければならない不可欠の問題か否か（不可欠の問題である）
(62) 前提問題か否かをどのように決めるか（1つの問題を解決するためにまず決めなければならない不可欠の問題か否か，1つの問題とは別個の法律関係を構成しているか否か，これらによる）
(63) 相続関係に適用された準拠法によるか否かをどのように決めるか（CX_1間の相続関係の前提問題か否かによる）
(64) CX_1間の親子関係の成否の解決方法をどのように決めるか（相続関係に適用された準拠法によるか否かによる）

---

10) 他にも前提問題は①本問題の準拠法によるという選択肢や，②本問題の準拠法が所属する国の国際私法が指定する準拠法によるという選択肢がある中で，法廷地国際私法が優先されたことによるが，その理由は示されていない。なお，判旨で取り上げられた3説の他に折衷説という選択肢もある。また，本件では前提問題と表現しているがこれは先決問題と同義語である。すなわち先決問題とは本問題を最終的に解決する前提として生じる法律問題を指すとされている（井之上宣信「国際私法における先決問題について」高岡法学5巻1・2号277頁以下（同著『国際私法学への道程』（日本加除出版，1995年）1頁以下に収録））。

11) これは「相続」の定義をみることで導き出される。「人の死亡によってその財産上の権利義務を他の者が包括的に継承すること」（前注4）833頁）と定義される。これは相続の範囲および順位，相続分が付随する問題である。親子関係が成り立っているか否かの問題はこれに含まれない。

第1部　所有権移転登記手続等請求事件

(65) 直系卑属とは何を意味するか（親子関係）
(66) 旧韓国民法1000条1項1号の要件は何か（被相続人の直系卑属が相続人となる）
(67) 韓国法のうちどの規定によるか（旧韓国民法1000条1項1号）
(68) Cの本国法はどこか（韓国法）
(69) CX_1間の相続関係を何により判断するかをどのように決めるか（改正前法例25条）
(70) X_1の相続分の算定はどのように行われるか（A・C・X_1間の相続関係如何による）
(71) X_1の共同相続人が本件建物に対して有する所有権の総計はどの程度か（3分の2）
(72) Yの本件建物に対する取得時効の成立をどの範囲で認めるべきか[12]（3分の1）
(73) Yが本件建物をどの程度自主占有していたか（3分の1）
(74) 改正前民法900条1号の効果の内容をどのように解釈するか（Yの相続分は3分の1）
(75) 改正前民法900条1号の効果は何か（「配偶者の相続分は3分の1とする」）
(76) Y，X_1～X_5およびCの関係は改正前900条1～4号のうちどれに当てはまるか（1号）
(77) 外形的客観的事情はY，X_1～X_5およびCの関係をどのように示すか（それぞれAの配偶者，子，配偶者）
(78) Y，X_1～X_5およびCの関係は何かをどのように判断するか（外形的客観的事情による）
(79) 改正前民法900条1～4号のうちどれを適用するか（Y，X_1～X_5およびCの関係による）
(80) 改正前民法900条の要件は充足しているか（している）
(81) Aについて同順位の相続人は誰か（Y，X_1～X_5およびC）
(82) Aについて同順位の相続人は数人いるか（いる）
(83) 改正前民法900条1項の要件は何か（「同順位の相続人が数人あるとき」）
(84) YがAから受ける法定相続分をどのように決めるか（改正前民法900条による）
(85) Yの自主占有の範囲を表す外形的客観的な事情は何か（YがAから受ける法定相続分）
(86) Yの自主占有の範囲を表す外形的客観的な事情の有無（ある）
(87) Yが本件建物をどの程度自主占有していたかを何により判断するか（外形的客観的事情）
(88) Yの本件建物に対する取得時効の成立はどの範囲で認めるか（Yがどの程度自主占有していたかによる）
(89) Yの本件建物に対する取得時効の成立は認められるか（認められる）

---

[12] Yの取得時効の成否に関する争点リストは，第一審判決の争点表（[121]）中の争点（95）～（120）に当たり，原判決では争点表（[212]）中の争点（70）～（86）に当たる。詳しくはこれらを参照。

第 3 章　上告審判決について

(90) 民法 162 条 1 項の効果は何か（「不動産ノ所有権ヲ取得ス」）
(91) 民法 162 条 1 項の効果は発生しているか（している）
(92) 民法 162 条 1 項の要件を充足しているか（している）
(93) Y は本件不動産を自主占有しているか（している）
(94) X_1 は Y の占有が所有の意思のない占有に当たることを立証しているか否か（していない）
(95) X_1 は Y の占有が所有の意思のないものであることを基礎付ける外形的客観的事情を主張しているか否か（していない）
(96) X_1 は Y の占有が自主占有に当たらないことを理由に取得時効の成立を争っているか（いる）
(97) 最判昭和 54 年 6 月 18 日，最判昭和 47 年 9 月 8 日，最判昭和 58 年 3 月 24 日，これらは所有の意思の有無を何により判断しているか（外形的客観的な判断による）
(98) 所有の意思の有無の判断基準を何により決めるか（最判昭和 54 年 6 月 18 日，最判昭和 47 年 9 月 8 日，最判昭和 58 年 3 月 24 日，これらを考慮する）
(99) 最判昭和 54 年 7 月 31 日は民法 186 条 1 項の効果をどのように解釈するか（占有者の占有が自主占有に当たらないことを理由に取得時効の成立を争う者は当該占有が所有の意思のない占有に当たることについての立証責任を負う）
(100) 民法 186 条 1 項の効果の解釈内容をどのように決めるか（最判昭和 54 年 7 月 31 日を考慮する）
(101) 民法 186 条 1 項の効果は何か（「所有ノ意思ヲ以テ善意，平穏且公然ニ占有ヲ為スモノト推定ス」）
(102) 民法 186 条 1 項の効果は発生しているか（している）
(103) 民法 186 条 1 項の要件を充足しているか（している）
(104) 民法 186 条 1 項の要件は何か（「占有」）
(105) Y が自主占有をしているか否かの第一基準は何か（民法 186 条 1 項）
(106) 自主占有をしているか否かを何により判断するか（第一基準とそれが排斥された場合の第二基準の 2 段階構成による）
(107) 民法 162 条 1 項の要件は何か（自主占有をしていること）
(108) Y の本件建物に対する時効取得の成否を何により判断するか（民法 162 条 1 項）
(109) 共同相続人が本件建物に対して有する所有権の総計はどのように決められるか（Y による本件建物の取得時効の成否による）
(110) 民法 899 条により X_1 の相続財産の承継割合を決めるためには何が必要か（X_1 の相続分の算定および共同相続人が本件建物に対して有する所有権の総計）
(111) X_1 の本件建物に対する所有権の割合を何により判断するか（民法 899 条）
(112) X_1 の賃料相当損害金支払請求をいくら認めるかを何により決めるか（X_1 の本件建物に対する所有権の割合による）
(113) X_1 の賃料相当損害金支払請求をどの期間で認めるか（1992 年 3 月 3 日～1994 年 10 月 19 日）
(114) 原審口頭弁論終結日はいつか（1994 年 10 月 19 日）

第 1 部　所有権移転登記手続等請求事件

- (115) 最判昭和 63 年 3 月 31 日に定める判断基準の効果は何か（事実審の口頭弁論終結時後に係る請求部分は，将来の給付の訴えを提起することのできる請求としての適格を有しない）
- (116) 最判昭和 63 年 3 月 31 日に定める判断基準の効果は発生しているか（している）
- (117) 最判昭和 63 年 3 月 31 日に定める判断基準の要件を充足しているか（している）
- (118) X_1 の請求は不当利得返還請求か否か（不当利得返還請求である）
- (119) X_1 の請求は Y の持分を超える本件建物からの収益を対象としているか（している）
- (120) Y と X_1 は本件建物を共有しているか（している）
- (121) Y は他から本件建物の賃料を収受しているか（している）
- (122) Y は他に本件建物を賃貸しているか（している）
- (123) Y の請求には事実審の口頭弁論終結時後に係る請求部分も含むか（含む）
- (124) 最判昭和 63 年 3 月 31 日に定める判断基準の要件は何か（共有者の 1 人に対して他の共有者が求める不当利得返還請求であること，請求の対象が共有物を他に賃貸して得る収益につきその持分割合を超える部分であること，事実審の口頭弁論終結時後に係る請求部分を含むこと，これらである）
- (125) 将来の給付の訴えを提起できるか否かを何により判断するか（最判昭和 63 年 3 月 31 日を考慮する）
- (126) X_1 の賃料相当損害金支払請求をどの期間で認めるかを何により決めるか（将来の給付の訴えを提起できるか否かによる）
- (127) X_1 の賃料相当損害金支払請求を認める範囲を何により限るか（期間と金額）
- (128) X_1 の賃料相当損害金支払請求を認める範囲を限るか否か（限る）
- (129) X_1 の賃料相当損害金支払請求の認否（認める）
- (130) X_1 の賃料相当損害金支払請求の認否をどのように判断するか（民法 703 条による）

[**317**]　上に挙げた争点の関連性を整理すると次のようになる。

　X_1 の本件請求を認める範囲のうち期間については，(126)～(124) が判断基準の形成過程であり，(123)～(113) が判断基準の適用過程である。

　X_1 の本件請求を認める範囲のうち金額については，まず Y の本件建物に対する取得時効の成否（第一の上告理由）が検討される。この点については (108)～(97) が判断基準の形成過程の連鎖であり，(96)～(89) が判断基準の適用過程の連鎖である。その上で，Y の取得時効が成立する範囲については (88)～(72) という連鎖の判断基準の適用過程を辿る。これにより (71) となる。

　X_1 の本件建物に対する持分については，前提として (64)～(57) が判断基

— 54 —

準の形成過程の連鎖となり，(56)～(10) の判断基準の適用過程を辿り (09) となる。よって (06) なので (04) となる。(89) および (04) なので (03) そして (02)。

したがって，(113) および (02) から (01)。

Ⅲ 判決の分析と検討

1 はじめに

[318] 上でみた**判旨の法律構成はどのように評価されるか**。判旨の判断中特に注目されるのは，前2章で扱われなかったCX$_1$間の親子関係の成否についてである。そのうち，準拠法決定過程と，選択された準拠法の適用過程，それぞれの適否を検討していく。

2 準拠法決定過程について

[319] 判旨はCX$_1$間の親子関係の成否を，CX$_1$間の相続関係の成否に対する「前提問題」と位置付け，「前提問題」を「法廷地である我が国の国際私法により定まる準拠法によって解決すべきである」とした。しかしながら，このような判断基準が形成されるには，根拠が不足していると思われる。それは第一に，判旨が**本件を本問題と前提問題とに分けたのはなぜか**疑問に思われるからである。判旨は「前提問題」として前述の2つの要件（[313]（ア）および（イ））を設定している。しかし，**なぜ前記2つの要件が設定されたのか，なぜ本件が2つの要件を充足するのか**，これらに対する客観的な解答が示されていない。この点を強調するのは，判旨が本件においてこの区別を採用したのは，相続関係の成否と親子関係の成否とでは都合のよい結論を導く準拠実質法を異にしていたために，両者の準拠法決定過程を区別したという考えも成り立つからである。判旨の客観性を保持しようとすれば比較の第三項たる判断基準を示す必要があろう。

[320]　また第二に，たとえ本件において本問題と前提問題という区別の採用に賛成したとしても，**なぜ前提問題の準拠法決定基準に法廷地国際私法が採用されるのか**，その根拠が示されていない。この点を強調するのは，上でみたように[13]判旨が法廷地国際私法を採用するのは，①本問題の準拠法によるという方法，および②本問題の準拠法が所属する国の国際私法が指定する準拠法によるという方法，これら2つに法廷地国際私法を優先させたからであるが，その客観的な優劣の判断基準について一切言及されていないからである。根拠が提示されなければ，法廷地国際私法の適用が単に裁判所にとって都合のよいものだったからに過ぎないという理解も可能であろう。その背景には，外国の法令理解に係る時間，費用および労力への配慮や，指定される準拠実質法の違い[14]があるのかもしれない。そうした背景を「手続は法廷地法による」との原則により正当化しても，判例[15]や学説[16]に依拠しても，また「国際私法は一連の渉外的事件を連結単位法律関係に分解してそれぞれに準拠法を指定するから，すべての単位法律関係に法廷地国際私法が適用される」[17]という国際私法の性質によっても，それは比較の第三項を示したことにはなり得ない。こうした理解を前提とすれば，判旨は更なる説明の補充が必要であろう。

3　準拠法の適用過程について

---

[13]　前注10)を参照。
[14]　この点は，本件における前提問題たる親子関係の成否について，法廷地国際私法，①，②，これら3つのうちいずれを採用するかによって本件請求の認否という結論が変わり得ることを考えれば理解できよう。法廷地国際私法によれば本判決の結論が，①によれば原判決の結論が，そして②によれば，CX_1間の親子関係の不成立という結論が導かれる。こうした結論を考慮した上で，都合のよい結論を導く準拠法決定過程を選択したとも考えられよう。なお，法廷地国際私法を用いた場合と②を用いた場合とでは同じ結論が導かれるが，②については韓国渉外私法を日本の法例と同様に類推適用可能か，という点が争点となる。
[15]　例えば東京地判昭和41年1月13日，大阪家審昭和47年10月5日，東京地判昭和48年4月26日など。
[16]　例えば澤木敬郎＝道垣内正人著『国際私法入門（第四版補訂版）』（有斐閣，1998年）24頁以下，櫻田嘉章著『国際私法（第3版）』（有斐閣，2000年）137頁，石黒一憲著『国際私法』（新世社，1994年）212頁など。
[17]　三浦正人「相続の前提となる婚姻関係の成否の準拠法」『ジュリスト昭和49年度重要判例解説』（有斐閣，1974年）221頁。

[321]　上の準拠法決定基準により判旨は改正前法例17条・18条を適用している。その際，両規定の「構造上」嫡出親子関係の成否が先に，その後嫡出以外の親子関係の成否が検討されると述べられている。しかし，両規定の「**構造**」**とは何を意味するのか**について明確には説明されていない。おそらく両規定の置かれている順序を指すと思われる[18]。そうは言っても，この点に関する明確な説明がなければ同じ「構造」を考慮しても他の準拠法適用過程が導かれる可能性があろう。判旨の補充的説明が望まれる。

[322]　更に，判旨は嫡出親子関係の成否について改正前法例17条を類推適用している。その根拠には明文規定の欠如が挙げられているが，論理の飛躍があるように思われる。というのは，明文規定の欠如がそのまま改正前法例17条の類推適用につながることに違和感を覚えるからである。その場合，当該嫡出親子関係に適用される独立抵触規定を不文の形で創出することもできよう。こうした選択肢より判旨の判断を優先させた客観的根拠が示される必要がある。

　加えて，改正前法例17条の類推適用の結果「嫡出性を取得する原因となるべき事実が完成した当時の母の夫の本国法によって定めるのが相当である」とする同条の解釈基準も示されていない。この点を強調するのは，同条所定の「出生当時」という文言の解釈如何によっては判旨の解釈も絶対ではないと思われるからである。この点にも判旨の説明不足が見出されよう。

[323]　上記の諸点は，血縁関係のない者の間における親子関係の成否に関する判旨の説明にもそのまま当てはまる。つまり，当該親子関係の成否について明文規定の欠如から改正前法例18条1項および22条の「法意」を考慮する根拠が示されていない。また，**なぜ両規定の「法意」によれば親の本国法と子の本国法が累積的に適用されるのか**も明らかではない。2つの法を累積的に適用

---

18)　道垣内正人著『ポイント国際私法（総論）』（有斐閣，1999年）97頁参照。

することで親子関係の成否が厳格に審査されることを考えれば,判旨が当該親子関係の成否につき否定説の立場を前提として,それを正当化するためにこうした基準を設定したとも考えられる。こうした理解を否定するためにも,「法意」という言葉で表される具体的内容を判旨は説明する必要があろう。

判旨が上記2つの法を累積的に適用することについては,**改正前法例 22 条を考慮することの適否**という面からも疑問に思われる。というのは,改正前法例 22 条は,親子関係によって生ずる権利義務,すなわち親子関係の効力についての規定であると考えられるからである。したがって,**親子関係の成否において同条を参照する是非**が問われよう。

Ⅳ 要約と課題

[324] 本章では,賃料相当額の金員支払請求に関する Y の上告理由に基づき,まず争点整理が行われた。そのうち特に相続関係の前提問題である親子関係の成否については,準拠法決定が別個に行われた。その際,明文規定を欠いていたことから法例上の複数の規定の類推適用が行われた。

以上から読者の課題として残るのは,本章における争点の整理,分析,検討の適否である。この判断には著者の論拠に対する批判的検討と論理的分析が欠かせない。この繰り返しにより,読者自身も,自ずと個々の判断基準,その形成過程およびその適用過程を明らかにすることが可能となるであろう。

第4章

判例評釈について

I 評釈の結論と法律構成

1 評釈の結論[1]

[401] 本件最高裁判決のうち，特にCX_1間の親子関係の成否に関する準拠法決定過程について本件評釈者は2つの争点を掲げている。第一に**先決問題の準拠法を何にすべきか**（争点I）についてであり，その答は以下の通りである。

"少なくとも我が国における解釈論としては，第三説をとるしかないように思われる。"

第二に**判旨の先決問題に関する見解をどのように理解するか**（争点II）についてである。この点につき評釈者は以下のように述べている。

"判旨が……先決問題不存在説への接近を意味しているように解されなくもない。"

2 評釈の法律構成

[402] 評釈者による上の主張は，判旨の法律構成を前提とする。そのうち評

---

1) 本件評釈は大きく2つに分けられる。1つは「一　先決問題の準拠法について」であり，他の1つは「二　実親子関係の成立（……）について」である。本章では，評釈者により特に詳しく検討されている前者のみを取り上げる。

第1部　所有権移転登記手続等請求事件

釈者が「先決問題」として特に言及しているのは，①「前提問題」とは「法廷地である我が国の国際私法により定まる準拠法によって解決すべき」であること，②「前提問題」とは本問題を「解決するためにまず決めなければならない不可欠」の問題であり，かつ「国際私法上本問題とは別個の法律問題を構成している」ものであること，これら2点である[2]。

[403]　このような判旨の法律構成のうち，評釈者は特に①について取り上げている。本件評釈ではこの点に関する検討部分が大きく3つに分けられる。まず，第1段落および第2段落において先決問題の定義と先決問題の準拠法について述べられている。これを前提として第3段落では上記争点Ⅰ（先決問題の準拠法を何にすべきか）が，第四段落で争点Ⅱ（判旨の先決問題に関する見解をどのように理解するか）が検討されている。判旨の法律構成①に対して前記の2つの結論へ至る過程はどのように構成されているか。以下，順にその内容を確認しよう。

[404]　まず，先決問題の定義とその準拠法について説示している部分である[3]。
(1) "従来の国際私法学説は，ある単位法律関係Aにつき準拠法を指定する際に，その前提となる別個の単位法律関係Bにつき準拠法を選択・適用して結論を出す必要がある場合，単位法律関係Aを「本問題」，単位法律関係Bを「先決問題」と呼びならわしてきた。
(2) 先決問題の準拠法については，従来，三つの考え方が対比されてきた。第一説は，先決問題については本問題の準拠法によるべし，との説（本問題準拠法説）である。第二説は，先決問題については本問題の準拠法所属国の国際私法が指定する準拠法によるべし，との説（本問題準拠法所属国国際私法説）である。そして第三説は，先決問題は法廷地の国際私法が指定する準拠法によるべし，との説（法廷地国際私法説）である。第一説や第二説は，先決問題は本問題の準拠法の適用過程で生ずる問題であるとの点や，法廷地国と準拠法所属国の間での裁判の国際的調和を論拠とするのに対して，第三説は，単位法律関係毎に準拠法を指定する国際私法の構造や，法廷地国内での判決

---
2) 詳しくは本書 [316] 争点 (57)～(64) を参照。
3) 以下では，読者の理解に資するべく，便宜上段落番号を付して引用する。

第4章　判例評釈について

の国内的調和を強調する。判例の多くは，第三説を採っており（後注4）参考文献①38頁），判旨もこの説を採ったものと解される。他方，学説の中にも第三説を支持するものが少なくないが，事案に応じて第二説と第三説とを組み合わせて処理するとの折衷説も唱えられており（……），これもかなり有力な見解となっている。"

[405]　次に，争点Ⅰを検討しているのは以下の部分である。
(3)　"確かに，一般論としては，第一・二説の説く法廷地国と準拠法所属国の間での裁判の国際的調和と，第三説の説く法廷地国内での判決の国内的調和のうち，何れがより重要であるか，一概には決することができないかもしれない。しかし，法例等があらゆる法律問題を個々の単位法律関係ごとに区切って準拠法の定め方を規定しており，しかもそこでは本問題と先決問題とを区別するような規定の仕方を一般的にはしていない限り，少なくとも我が国における解釈論としては，第三説を採るしかないように思われる。もし，あえて本問題の準拠法ないし本問題の準拠法所属国国際私法を持ち出そうとするなら，解釈論としてのより明確な根拠が必要となるであろう。"

[406]　争点Ⅱについては次のように述べられている。
(4)　"第三説は，従来，先決問題という枠組みの中で議論がなされてきたことを前提として提示された見解である。しかし，そもそもこの見解は，先決問題という特別な枠組みの必要性自体に疑問を提示するものであるから，むしろ先決問題不存在説（参考文献⑨120頁）と呼ぶ方が相応しいのかもしれない。そう考えるとすれば，先決問題という議論枠組みは最早その役割を終えた，あるいは，もっと先に控えている重要な問題を論じるための前置きとしての存在意義を有するに過ぎない（参考文献②212頁を参照）ということになろうか。そう考えてみると，判旨が「先決問題」という用語をあえて用いていないのは，先決問題不存在説への接近を意味しているように解されなくもない。"

Ⅱ　評釈の争点整理

1　はじめに

[407]　上に掲げた評釈者の法律構成において，**どのような争点が個々の判断過程で取り上げられ，またそれらはどのような関連性**を有していたか。この点を明らかにするべく，以下では評釈の構成に倣って争点を整理していく。

— 61 —

2 個別的争点ごとの整理

(1) 先決問題の定義とその準拠法について

[408] **先決問題の準拠法について検討するにはまず何をしなければならないか**。それは先決問題の定義である。けだし，先決問題に対する統一的な意味内容が確立されていない状況のもとでは，先決問題をどのように捉えるかが，先決問題の準拠法についてどのような争点を挙げるかという点を左右するからである。評釈者は先決問題の定義に次の2点を掲げる。1つは，ある単位法律関係Aにつき準拠法を指定する場合の「前提」となる単位法律関係Bであり，他の1つは，単位法律関係Aとは別個に「準拠法を選択・適用して結論を出す必要がある」ものである。評釈者は更に，単位法律関係Aをどのように呼ぶかについても言及し，これを「本問題」と呼んでいる。**このような定義は何により形成されたか**。それは，評釈者が「従来の国際私法学説」[4]に依拠したことによる。

[409] 上にみた**先決問題をどのように解決**すべきか。具体的解決策を導く実質法規を決定する前提として，まず準拠法を確定しなければならない。それでは，**先決問題の準拠法は何か**。この点に関する明文規定も，確立した慣習法も存在しないことから，複数の考え方が成り立ち得る。そこで評釈者は3つの考え方を対比している。それは，本問題準拠法説（第一説），本問題準拠法所属国国際私法説（第二説），法廷地国際私法説（第三説），これらである。**各々の論拠**

---

4) 評釈中，以下に掲げる参考文献①〜⑩の全部もしくはいずれかに依拠している説明が度々見られる。①池原季雄＝早田芳郎編『渉外判例百選〈第三版〉』（有斐閣，1995年）38頁，②石黒一憲著『国際私法』（新世社，1994年）212頁，③木棚照一編『演習ノート・国際私法〔改訂版〕』（法学書院，1992年）120頁，④木棚照一＝松岡博＝渡辺惺之著『国際私法概論〔第三版〕』（有斐閣，1998年）77頁，⑤櫻田嘉章著『国際私法〔第二版〕』（有斐閣，1998年）137頁，⑥澤木敬郎＝秌場準一編『国際私法の争点〔新版〕』（有斐閣，1996年）179頁，⑦澤木敬郎＝道垣内正人著『国際私法入門〔第四版補訂版〕』（有斐閣，1998年）22頁，⑧出口耕自著『基本論点国際私法』（法学書院，1996年）207頁，⑨道垣内正人著『ポイント国際私法総論』（有斐閣，1999年）96頁および115頁，⑩山田鐐一＝早田芳郎編『演習国際私法〔新版〕』（有斐閣，1992年）49頁。評釈者が「従来の国際私法学説」として考慮したのもこれらの参考文献中にみられる説明であると推測される。

第4章　判例評釈について

は何か。まず第一説および第二説について2つの論拠が挙げられている。1つが「先決問題は本問題の準拠法の適用過程で生ずる問題である」点であり，他の1つが「法廷地国と準拠法所属国の間での裁判の調和」を図る点である。第三説については国際私法が「単位法律関係毎に準拠法を指定する」構造であること，「法廷地国内での判決の国内的調和」を図ること，この2つの論拠が挙げられている。これら3つの説に加えて，評釈者は第二説と第三説の「折衷説」も紹介している。

　上に挙げた4つの考え方はそれぞれどのように位置付けられるか。その判断主体として評釈では判例と学説の2つが挙げられている。まず**判例はいずれの考え方を採るか**。この点につき評釈者は，「判例の多くは第三説を採って」いると述べている。他方，**学説はいずれの考え方を採るか**。「第三説を支持するものが少なくない」が，折衷説も「かなり有力な見解」であると述べられている。

(2)　先決問題の準拠法を何にすべきか（争点Ⅰ）について
[410]　上でみたように先決問題の準拠法には3つ[5]の考え方が存在する。法的安定性や予見可能性を考慮すれば，**いずれの考え方が優先されるかが明らかにされなければならない**。その上で評釈者が**第三説を優先する際の判断基準は何か**。評釈者はこれを国際私法の解釈論に求めている。それでは，**国際私法の解釈論とは何か**。評釈は，解釈上国際私法が(a)「あらゆる法律問題を個々の単位法律関係ごとに区切って準拠法の定め方を規定して」いること，(b)「本問題と先決問題を区別するような規定の仕方を一般的にはしていない」[6]こと，この2点を同時に認めている。そして，(a)および(b)を上記の3つの説に当て

---

[5]　ここで「3つ」としたのは，上述の折衷説は選択対象に含まれていないように思われるからである。というのは，第三段落以降折衷説についての言及が見受けられないことによる。このことから，評釈者はおそらく折衷説を単に紹介したに過ぎないとも考えられる。もしくは折衷説とて第二説と第三説を基調に置くものであるから独自性が認められないと解したのかもしれない。

[6]　笠原俊宏著『国際私法立法総覧』（冨山房，1989年）によれば，現行法制度下，オーストリア国際私法にのみ，認められる規定である。

第1部　所有権移転登記手続等請求事件

はめた結果，第三説の優先性が導かれる。

　評釈者は当該優劣の判断に際し，解釈論とは別に一般論をも考慮する。それによれば評釈者は，第一説および第二説が説く国際的調和と第三説が説く国内的調和の**優劣決定の可否**につき否定説を採る。このように考えるのは，国際的調和と国内的調和のいずれを優先すべきかという点が論者の政策的価値判断に依拠していると理解するからであろう。

[411]　それならば，なぜ**一般論より解釈論が優先される**のか。この点に関する明示的な説明は見受けられない。法治国家のもとで想定されている紛争解決基準は法であって，一般論ではないからかもしれない。ここでは先決問題に関する明文規定が存在しないため，解釈論が用いられているものと解される。

(3) 判旨の見解（争点Ⅱ）について

[412]　これまでの先決問題に対する理解から，評釈者は判旨が第三説を採ると捉えている。その上で，**判旨が先決問題不存在説へ「接近」していると解された解釈基準は何か**。それは先決問題不存在説の内容如何による。評釈によれば，先決問題不存在説とは「先決問題という議論枠組みは最早その役割を終えた」と考えること，あるいは，先決問題とは「もっと先に控えている重要な問題を論じるための前置きとしての存在意義を有するに過ぎない」ものであると考えることとされている。このような内容の解釈上，判旨について先決問題不存在説への接近という理解が導かれた理由は，判旨の採る第三説が「『先決問題不存在説』と呼ぶ方が相応しい」こと，判旨が「『先決問題』という用語をあえて用いていないこと」，この2点にある。このうち，第三説が「『先決問題不存在説』と呼ぶ方が相応しい」とされたのは，第三説が「先決問題という特別な枠組みの必要性自体に疑問を提示するもの」だからである。

　それでは，**判旨を理解するために先決問題不存在説を考慮するのはなぜか**。この点に関する説明は省略されている。先決問題の存在の認否という点が先決問題の準拠法を何にすべきかという点の論理的前提をなしているからであろ

— 64 —

う。

3 帰納的再整理

[413] 上述の通り，評釈者の論理構成は必ずしも論理的に述べられていないし，省略されている争点も少なくない。そこで以下では，各結論に着目して評釈者の論理構成を帰納的に整理したい。

[414] まず，争点Ⅰについては以下の通りである。
(01) 先決問題の準拠法を何にすべきか（法廷地国際私法が指定する準拠法とすべきである）
(02) 解釈論の内容と整合性を保っているのは法廷地国際私法適用説と不適用説のどちらか（法廷地国際私法適用説）
(03) 国際私法がどのような規定の仕方をしているか（本問題と先決問題を区別して規定していない）
(04) 国際私法がどのように準拠法を定めているか（あらゆる法律問題を個々の単位法律関係ごとに区切って定めている）
(05) 国際私法の解釈論の内容をどのように決めるか（国際私法がどのように準拠法を定めているか，どのような規定の仕方をしているか，この2点による）
(06) 解釈論との整合性により法廷地国際私法を適用するか否かを決めるには何が必要か（解釈論の内容の決定）
(07) 解釈論における法廷地国際私法を適用するか否かの判断基準は何か（解釈論との整合性による）
(08) 解釈論と一般論のどちらが優先されるか（解釈論）
(09) 解釈論と一般論のどちらが法による判断か（解釈論）
(10) 解釈論と一般論のどちらを優先すべきかを何により決めるか（法治国家との整合性による）
(11) 解釈論によると法廷地国際私法によるべきか否かを決めることができるか（できる）
(12) 先決問題の準拠法に関する明文規定の有無（なし）
(13) 法律の立法論と解釈論のどちらによるかを何により決めるか（明文規定の有無）
(14) 法律論には何があるか（立法論と解釈論がある）
(15) 一般論によると法廷地国際私法によるべきか否かを決めることができるか（できない）
(16) 法廷地国際私法によるべきか否かに対して肯定説と否定説それぞれの論拠は政策的価値判断に依拠するものか（依拠するものである）
(17) 一般論によると法廷地国際私法によるべきか否かを決めることの可否をどのよう

第1部　所有権移転登記手続等請求事件

　　に判断するか（肯定説・否定説の論拠が政策的価値判断に依拠するものか否かによる）
(18)　法廷地国際私法によるべきか否かを決めることの可否の判断基準は何か（一般論と法律論）
(19)　法廷地国際私法によるか否かを決めるのは何か（決定可能性による）
(20)　法廷地国際私法説の論拠は何か（国際私法の構造，および法廷地国内での判決の国内的調和）
(21)　法廷地国際私法によらない見解の論拠は何か（先決問題は本問題の準拠法の適用過程で生ずる問題であること，および法廷地国と準拠法所属国の間での裁判の国際的調和）
(22)　従来の3つの考え方はどのように整理されるか（法廷地国際私法によるか否かで二分される）
(23)　従来の3つの考え方の根拠をどのように決めるか（三説をどのように整理するかによる）
(24)　従来の考え方とは何か（本問題準拠法説，本問題準拠法所属国国際私法説，法廷地国際私法説，これら三説である）
(25)　先決問題の準拠法を何にするかをどのように判断するか（従来の考え方による）
(26)　法源の探求はどのように行われるか（先決問題の準拠法を何にするかによる）
(27)　先決問題の解決基準をどのように決めるか（法源の探求による）
(28)　先決問題をどのように解決すべきか（解決基準の適用によるべきである）
(29)　先決問題とは何か（ある法律関係Aにつき準拠法を指定する際の前提となる単位法律関係Bであり，かつ単位法律関係Aとは別個に準拠法を選択・適用して結論を出す必要があるもの）
(30)　先決問題の定義を何により決めるか（従来の国際私法学説）

[415]　上の争点の関連性は，(30)〜(20)が判断基準の形成過程の連鎖であり，(19)〜(1)が判断基準の適用過程の連鎖である。

[416]　次に，争点IIについては次のような配列となる。
(31)　先決問題の準拠法に関する判旨の見解はどのように理解されるか（先決問題不存在説へ接近していると解される）
(32)　判旨は先決問題の存在をどの程度認めていないか（先決問題不存在説に「接近」している程度）
(33)　判旨が「先決問題」という用語を用いていないこと，および法廷地国際私法説を先決問題不存在説と呼びかえることが相当なことは何を示しているか（判旨が先決問題の存在をどの程度認めていないかを示している）
(34)　判旨は「先決問題」という用語を用いているか否か（用いていない）

第 4 章　判例評釈について

(35)「先決問題」と「前提問題」という 2 つの言葉を区別するか（する）
(36)「先決問題」という用語を用いているか否かの判断基準を何により決めるか（「先決問題」という言葉と「前提問題」という言葉とを区別しているか否かによる）
(37) 法廷地国際私法説を「先決問題不存在説」と呼びかえることの当否（相当である）
(38) 法廷地国際私法説は何か（先決問題という特別な枠組みの必要性自体に疑問を提示するもの）
(39) 法廷地国際私法説を「先決問題不存在説」へと呼びかえることの当否をどのように判断するか（法廷地国際私法説の内容如何による）
(40) 判旨の見解を理解するために先決問題不存在説をどのように考慮するか（法廷地国際私法説の先決問題不存在説への呼びかえの当否，「先決問題」という語を用いているか否か，による）
(41) 先決問題不存在説とは何か（先決問題という議論枠組みは最早その役割を終えたと考えること，あるいは，もっと先に控えている重要な問題を論じるための前置きとしての存在意義を有するに過ぎないと考えること）
(42) 法廷地国際私法説を採ること以外に付加する判旨の見解をどのように理解するか（先決問題不存在説を考慮する）
(43) 法廷地国際私法説を採ること以外に付加する判旨の見解はあるか（ある）
(44) 先決問題の準拠法に関する判旨の見解は何か（法廷地国際私法説）

[417]　上記に列挙された争点の関連性は，(44)～(40) が判断基準の形成過程の連鎖であり，(39)～(31) が判断基準の適用過程の連鎖である。

Ⅲ　評釈の分析と検討

[418]　評釈の論理構成はどのように評価されるか。各結論を導く判断基準の形成過程と適用過程に着目すれば，以下のような論理の飛躍が指摘される。

1　争点Ⅰについて

[419]　まず当該争点に対する判断基準の形成過程をみてみよう。特に留意されるのは，判旨が掲げる**法廷地国際私法説の論拠**（[409]）と，**本問題準拠法説および本問題準拠法所属国国際私法説の論拠**（[409]），それぞれの適否についてである。この点を問うのは，双方の論拠を入れ替えても説明が成り立つと思われるからである。けだし，評釈が述べている国際私法の構造が法廷地国際

第1部　所有権移転登記手続等請求事件

私法説に固有のものとはいえないこと，法廷地国際私法によればなぜに裁判の国内的調和が図られ，他の2説によれば国際的調和が図られるのかが不明であること，問題が準拠法の適用過程で生ずることは当該準拠法やその国の国際私法を適用する客観的根拠にはなり得ないこと，これらの点がなお指摘されるからである。それにも拘らず，評釈の説明を成り立たせるためには，これら前提部分に関する説明の補充が必要であろう。

[420]　また，判断基準の適用過程についても検討の余地がある。判旨は上の3説のうち法廷地国際私法説を優先させているが，それを支える客観的な優劣の判断基準が示されていないためである。というのは，判旨が優劣の判断基準たる解釈論として挙げている2点（[410]（a）（b））は，先にみた法廷地国際私法説の論拠を再度述べているに過ぎないとも見受けられるからである。優劣を判断する場合，一方の比較対象物の論拠は比較の第三項たる客観的な判断基準にはなり得ない。このように考えれば，他の2説に対する法廷地国際私法説の優先性が証明されているとは言えないであろう。それにも拘らず，**評釈者が他の2説を用いようとすれば「解釈論としてのより明確な根拠が必要となる」と考えるのはなぜか**。この点に関する説明が不十分であると思われる。

2　争点Ⅱについて

[421]　この争点について特に注目すべきは，その判断基準の適用過程である。その1つに，法廷地国際私法説を先決問題不存在説と呼ぶ方が相応しいという理解を，評釈者が本判決にもそのまま当てはめている点がある。この点を指摘するのは，たとえ一般的な法律問題として評釈者の理解が成り立ち得るとしても，**それが個別具体的な事案において適用可能かどうかはまた別の問題**だからである。判旨中においても，**先決問題の存在の認否**について明示的に言及している部分は見受けられない。このことを前提とすれば，**なぜ本件判旨においても評釈者の主張が成り立ち得るのか**について説明を補充する必要があろう。

第4章　判例評釈について

[422]　また，評釈者は**判旨が先決問題不存在説へ接近しているか否かの判断**基準に「先決問題」という用語の使用を挙げている。評釈者が本件につきこの点を否定するのは，判旨が「先決問題」という語に代えて「前提問題」という語を用いているからかもしれない。ここから，評釈者が「前提問題」と「先決問題」とを区別していることが見て取れる。評釈者のこの区別についてもなお疑問が生じる余地がある。けだし，判旨の「前提問題」の定義（[402]）と，評釈者が掲げる「先決問題」の定義（[408]）との間には意味上の違いはないという理解もあり得るからである。つまり，「単位法律関係A」の「前提」ならば，それは「まず決めなければならない不可欠」の問題となるし，「本問題とは別個の法律問題を構成してい」れば，それは「準拠法を選択・適用して結果を出す必要がある」と考えられるのではないか。実際上も判旨は相続関係の前提問題たる親子関係について，相続関係とは別個に準拠法を選択・適用している。このような理解を前提とすれば，判旨と評釈者との間には単に用語の使い方に関する好みの違いがあるに過ぎないという認識も成り立とう。それにも拘らず，「先決問題」という用語の欠落が「先決問題不存在説への接近」を意味しているとする評釈者の説明には根拠が不足しているように思われる。

Ⅳ　要約と課題

[423]　本章では，最高裁判決の法律構成に対する評釈中，特に先決問題に関わる部分が取り上げられた。評釈者は先決問題の定義とその準拠法に対する複数の考え方の対比を前提として，法廷地国際私法説の優先，判旨の先決問題不存在説への接近，この2点を主張した。こうした整理から，**いかなる事象が先決問題として扱われるか**，という点が課題として残る。この点について本件評釈では言及されなかったが，先決問題を扱う上で1つの重要な争点となろう。けだし，**先決問題をどの範囲で認めるか**によって準拠法が変わり，ひいては実質法段階での具体的解決内容にも影響を及ぼすからである。具体的事例の類型化によりルールの明確化が必要となるだろう。

第1部　所有権移転登記手続等請求事件

［第1部の演習問題］

(1)　第1部で取り上げた事案の訴訟物は何ですか？
(2)　本件事案において登場人物の関係と時系列順の出来事はどのようになっていましたか？
(3)　第一審において，Yは何を抗弁として主張しましたか？
(4)　第一審裁判所の判決における争点は何でしたか？
(5)　(4)の争点間の関連性はどのように整理されますか？
(6)　あなたは第一審の判旨をどのように評価しますか？
(7)　控訴審において，Yの抗弁はどのように変化しましたか？
(8)　第一審の判決と控訴審判決との間にどのような違いがありますか？
(9)　(8)の違いが生じたのはなぜですか？
(10)　あなたは控訴審判決をどのように評価しますか？
(11)　上告審判決と控訴審判決との間にどのような違いがありますか？
(12)　(11)の違いはなぜ生じたのですか？
(13)　あなたがYの立場であれば，最高裁判決に満足しますか？
(14)　あなたがX_1の立場であれば，最高裁判決に満足しますか？
(15)　あなたは最高裁判決をどのように評価しますか？
(16)　「先決問題」とはどのようなものですか？
(17)　「先決問題の準拠法」について，どのような考え方が存在していますか？
(18)　あなたが本件最高裁判決について評釈文を書くとしたら，どのような点に留意しますか？
(19)　あなたは第4章における評釈をどのように評価しますか？
(20)　法例中に先決問題に関する規定を明文化するとしたら，法律要件および法律効果の組み合わせとしてあなたはどのような文言を考えますか？

第 2 部
損害賠償請求事件

　「花岡事件」(2000 年 11 月 30 日読売新聞朝刊 1 面，同朝日新聞朝刊 2 面参照) 等，国内外で日本企業が戦時中の強制労働をめぐり損害賠償を請求されているように，戦後補償の問題も企業法務と深い関連性を有する。それは，以下の事案で被告とされるわが国にとっても同じである。この種の事案を取り上げることで，今日の国際取引において国家がどのような法律構成の下に置かれているかを知ることができるだろう。そのうち第 2 部では国際私法に関わる法律構成に限ってみていく。

第 2 部　損害賠償請求事件

［事案の概要］[1]

(1) 1937 年の廬溝橋事件から 1945 年のわが国によるポツダム宣言受諾までの日中戦争中に，中国大陸に侵攻した日本軍とその軍人から加害行為を受けて甚大な苦痛等を被った旨主張し，中国国民 $X_1 \sim X_{10}$（以下 $X_1 \sim X_{10}$ 全員を示すときは X と表記）が Y（日本国）に対し，各自 2000 万円の損害賠償を請求した。
(2) X の主張する本件加害行為とは，強姦未遂，拷問，捕虜虐待，人体実験，無差別爆撃などの非人道的残虐行為である。これらの加害行為について，X は 2 つの併存する法的主張（α と β）を行った。
(3) X の法的主張 α：陸戦ノ法規慣例に関スル条約（以下，「ヘーグ陸戦条約」と略記）は，軍隊構成員が公務執行中に行った陸戦法規違反についての賠償を，個人が交戦当事国に対して直接請求し得ることを規定したものであり，本件当時国際慣習法化していた。よって，本件加害行為について同条約 3 条に基づき X は Y に対して直接賠償を請求する権利を有する。また，本件加害行為がその当時の国際人道法ないし国際人権法に反する非人道的残虐行為に該当することからも，X は Y に対して直接賠償を請求する権利を有する。
(4) X の法的主張 β：国際私法上，ある問題が公法的な性質のものであるか，それとも私法的な性質のものであるかは法律関係の側から決定されるべきである。国家賠償（以下，「国賠」と略記）を法律関係の側からみると，それはまさしく，違法な行為により他人に損害を与えた者をしてその損害を賠償せしめる制度である。したがって，本件加害行為に基づく損害賠償請求は，法例 11 条に定める「不法行為ニ因リテ生スル債権」と性質決定される。同条 1 項によれば不法行為地法が準拠法とされる。本件の不法行為地は本件当時

---

1) 東京地裁第 24 民事部平成 11 年 9 月 22 日判決（平 7（ワ）15636 号事件）判タ 1028 号 92 頁以下参照。これに対する判例評釈として，河野俊行「日本軍の中国侵攻中に日本兵士によって行われた行為を原因とする損害賠償請求」『平成 11 年度重要判例解説』ジュリ 1179 号 302 頁以下参照。なお，本件は控訴中である。

の中華民国であるため，本件当時の中華民国法が準拠法となる。そのうち，本件加害行為は中華民国民法の第二編「債権」中の184条に定める不法行為に該当する。したがってXはYに対して直接損害賠償を請求する権利を有する。たとえ同法184条に定める一般的不法行為責任がYに認められないとしても，予備的に，Yは同法188条に基づく使用者責任を負う。また，X_1については，X_1に対する強姦（未遂）行為につき日本軍がこれを防止せずに放置したことが同法184条に定める不法行為に当たる。したがって，予備的請求によってもXはYに対して直接損害賠償を請求する権利を有する。

(5) Yの主張：仮にXの主張通りの事実関係があったとしても，本件には国家無答責の法理が適用される。そのため，本件加害行為による損害につき，Xらが個人として国家たるYに対して直接損害賠償を請求する権利はない。

(6) XY間の争点を整理すると次の6点になる。①本件加害行為の存否，②外国による戦争行為等によって発生した個人の損害について当該個人が当該外国に対して直接損害賠償を求める権利を有することが，国際法上一般的に認められているか否か，③本件当時，本件加害行為のような外国軍隊等の行為につき，被害者個人が直接外国に対して，損害賠償を求める権利を有することが国際慣習法として成立していたか否か，④本件加害行為が「国際人道法」「国際人権法」に反するとして，個人が国家に対して直接損害賠償請求する権利を有することが本件当時国際慣習法化していたと認められるか否か，⑤本件加害行為につき，本件当時の中華民国民法による不法行為に基づく損害賠償請求権を，法例11条1項を介して行使することができるか否か，⑥本件損害賠償請求につき除斥期間が満了しているか否か，これらである。これら6つの争点は，①についての肯定説を前提として，②，③および④が並列的に国際法上の争点を構成し，⑤および⑥が直列的に国際私法上の争点を構成する。これらの争点についてすべて肯定説が採られれば，Xの請求は認容される（なお，第2部では，国際私法に関わる争点のうち⑤に叙述の範囲を限定して検討する。したがって，Xの主張がαのみが対象となる。)。

(7) 上記争点①につき，第一審裁判所たる東京地裁は肯定説を採った。

第2部　損害賠償請求事件

(8)　上記争点⑤に関連し，XはYが主張する国家無答責の法理について，次の2点を主張した。その1つは次の点である。公権力の行使に係る行為について国は損害賠償責任を負わないという国家無答責の法理は，もともと国王の不可謬論に基づくものである。王制下にない国家においては「治者と被治者の自同性」の考え方や「国家と法秩序の自同性」の考え方が根底にあるから，わが国の統治権に服しない外国人に対しては国家無答責の法理は妥当しない。他の1つは次の点である。国家無答責の法理は，公法関係については，行政裁判所の管轄に属し，司法裁判所の管轄に属さないとする訴訟上の救済手続の欠如を意味するに過ぎず，実体法上の根拠を有するものではない。行政裁判所制度が廃止された日本国憲法の下では，上記訴訟上の障害が除去されたため，国の賠償責任を認めることが可能となった。

(9)　加えてXは，「公権力の行使に起因する国家賠償の領域がそもそも法例の適用に馴染むといえるかについては，……現時点においては，肯定説をとることになお若干の躊躇を感じざるをえない」という見解がXの主張を否定するものではないとも主張する。

(10)　これに対し，東京地裁は，Xらの主張をα，βとも否定し，本件請求を棄却した。

[参考法令][2]

法例（明治31年6月21日公布，同年7月16日施行法律第10号）
11条1項　事務管理，不当利得又ハ不法行為ニ因リテ生スル債権ノ成立及ヒ効力ハ其原因タル事実ノ発生シタル地ノ法律ニ依ル
　　2項　……
　　3項　……

国家賠償法（昭和22年10月27日公布，同日施行法律第125号）
6条　この法律は，外国人が被害者である場合には，相互の保証があるときに限り，こ

---

[2]　中華民国法については，日本加除出版法令編纂室編『平成13年戸籍実務六法』（日本加除出版，2001年）918頁以下他参照。

れを適用する。
附則
6項　この法律施行前の行為に基づく損害については，なお従前の例による

中華民国民法（1929年11月21日公布，1930年5月5日施行）
184条　故意または過失により不法に他人の権利を侵害した者は，損害賠償責任を負う。故意に善良な風俗に背馳する方法により他人に損害を加えた者は，また同じとする。他人を保護する法律に反する場合は，それに過失あることを推定する。
188条　被用者が職務の遂行により不法に他人の権利を侵害した場合，雇用者と行為者は連帯して損害賠償責任を負う。ただし，被用者の選任及びその職務の執行の監督につき，相当の注意を尽くしたか，相当な注意を尽くしても損害の発生が免れなかった場合には，雇用者は損害賠償責任を負わない。

第5章

第一審判決について

I　判決の結論と法律構成

1　判決の結論

[501]　東京地裁は，結論部分につき次のように述べて，Xの請求を棄却した。
　　"以上の通りであるから，ヘーグ陸戦条約3条，国際慣習法，法例11条1項を介しての本件当時の中華民国民法に基づき，本件加害行為について個人として直接我が国に対して損害賠償を求める原告らの請求は，……いずれも結局認容することができないといわざるを得ない。"

2　判決の法律構成

[502]　判旨がXの請求を棄却したのは，「原告らの請求は，……いずれも結局認容することができないといわざるを得ない」とされたからである。このような判断を導く法源のうち，本章の検討対象からみて特に注目されるのは，本件当時の中華民国民法である。中華民国民法に基づくXらの請求が否定されたのは，本件加害行為が「法例11条1項の『不法行為』に当たるか」否かにつき否定説が採られたからである。それは次のように述べられている。
　　"以上によって，当裁判所は，本件加害行為のように戦争時における外国軍隊ないしその軍人等が個人に及ぼした被害，すなわち戦争被害については，原則として戦後における国家間の政治，外交問題として解決すべきものであって，その

第 2 部　損害賠償請求事件

限りにおいて，その個人が属する私法上の不法行為に基づいて外国に対して直接請求し得るものではなく，ひいては，外形的に見れば，本件加害行為がその当時における中華民国の民法等の不法行為に該当し，それにより原告らが我が国に対して損害賠償請求権を有することになるとしても，そのような戦争被害に係る我が国に対する損害賠償請求権は，本件当時までの間有効に支配していた伝統的な国際法からすれば，法例 11 条を介して我が国に対して請求し得る権利には当たらない，すなわち同条にいう「不法行為」に当たらないといわざるを得ないと判断するものである。"

[503]　判旨が本件を法例 11 条 1 項にいう「『不法行為』に当たらない」，言い換えれば，法例の規律対象に当たらないと判断した根拠は，①本件は「公法的法律関係というべき」であること，②「法例の制定当時，既にわが国において国家無答責の原理が採用されていたと見るのが相当である」こと，これら 2 点に求められる[1]。これらの点につき，それぞれ**判旨はどのように説示しているか**。その内容を確認しよう[2]。

[504]　まず，根拠①については以下の説明が注目される。
(1)　"サヴィニー型国際私法観は，国民国家の誕生とともに法典編纂作業が始まった当時の大陸法諸国における国際私法立法に取り入れられていき，日本は，……国際私法についてもサヴィニーに忠実であったドイツの民法施行法の草案段階のもの（……）を参考にして起草された結果，サヴィニー型国際私法観を純粋に近い形で成文法化した，とされている（……）。
(2)　私法的法律関係の「本拠」として，法律関係に最も密接に関係する地の法律

---

1)　判旨は，これら 2 つの根拠により本件に対する法例の適用を否定した後，加えて(a)「国際的な一般的状況」，(b)「伝統的な国際法」，これらによっても否定している。(b)については，「本件のような戦争ないし軍事行動に関する法律関係について」は，「市民法レベルにおける正義」よりも「国際法上の正義と公平に適うものであるといえる」かが優先されるからであると説明される。これらの点についても検討の余地があろう。けだし，(a)についてはなぜ国際的な一般的状況が国際私法上の概念に**影響を及ぼし得るのか**，(b)についてはなぜ国際法上の概念が国際私法上の概念に**優先されるのか，前者が後者に優先される比較の第三項は何か**，という点について十分な説明が見受けられないからである。しかしながら，本章では紙幅の関係上この点を検討対象から除く。読者の批判的検討に委ねたい。
2)　これらの根拠について判旨は必ずしも論理的順序を辿り述べているわけではなく，また説明が重複する部分も少なくない。そこで以下では，判旨から部分的に抜粋し，並び替えた上で掲載する。また，読者の理解に資するべく，段落番号の追加や横書きに見合った表現への変更が施されている。

第5章　第一審判決について

を適用するというサヴィニー型国際私法の前提は，私法の領域では，法の互換性が高く，法律の所属する国家の利益に直接関係しないということにあるから，国家利益が直接に反映され，場合によっては処罰で裏打ちされることもある公法的な法律関係については，その選定を欠き，埒外の問題とされる。

(3) 法例の適用の有無という具体的な主題を見る場合における「私法」と「公法」に関しては，私法とされれば国際私法に委ねられ，公法とされればそれぞれの法律の趣旨から地域的適用範囲が定められるという違いが生ずることを念頭に区分を考えるべきであり，既述のサヴィニー型国際私法の下では，法の国家利益との結び付きの強弱によるということになり，国家利益との結び付きが弱ければ私法であり，国家利益との結び付きが強ければ，その地域的適用範囲の問題は国際私法の埒外となり，当該法律の目的に沿って決せられることになる。このような区分の仕方では，「私法の公法化」が進んでいる現代にあっては，境界が極めて曖昧になるがそれでもこのような二分法をとるというのが現在の法の適用関係に関するルールであるというほかないし，少なくとも本件当時においては上のように考えられていたというべきである。

(4) 原告らの各請求は，最終的には日本法の要件を充足しなければ成立せず，また，その効力についても日本法の適用を受けるところ，本件加害行為は我が国の国家賠償法の成立前の行為であり，国家賠償法附則6項が「この法律施行前の行為に基づく損害については，なお従前の例による。」と定めていることから，同法が施行された昭和22年10月27日の前までの国家の公権力の行使に係る行為についての法理によるほかないというべきところ，公権力の行使に係る行為について国は損害賠償責任を負わないとするのが我が国の法制であったというべきである（最高裁判所昭和25年4月11日第三小法廷判決・民集3号225頁）。このような趣旨における国家無答責の法理は，実体法である私法ないし民法の適用自体を排除しているものであり，行政裁判所法及び旧民法が公布された明治23年の時点で，公権力の行使については国は損害賠償責任を負わないという立法政策が確立していたものといわざるを得ない。

(5) 国家賠償問題の歴史的経緯や実定法としての国家賠償法に表れた国家賠償問題に対する国家の強い利害関係に鑑みると，本件のように日本国の軍人が中国領土における戦争行為に伴い中国国民に損害を与えたことが違法であったか否か，それについて日本国が賠償責任を負うべきかどうかという問題は，「社会共同生活において生じた損害の公平な分配」に関わる問題とは到底いえず，市民社会のルールではなく，まさに，「権力」と「人民」との関係というべきであって，それぞれの国家の主権の発動としての戦争行為の当否，許否などの判断が関わる，国家の維持，存亡等にすら影響のある問題でもあるというべきであるから一般的には外国法の私法を適用することが考えられない分野（サヴィニー型国際私法の予定する普遍的な価値共同体が成立しない分野）に属するというべきである。

(6) 国家の公権力行使に当たる公務員がその職務遂行上違法に私人に損害を与えたとされる場合の賠償責任の問題は，基本的に，国際私法によって準拠法を決定すべき私法的法律関係ではなく，公法的法律関係というべきであり，仮に右の一般論に例外を認める場合があるとしても，少なくとも本件のような外国における我が国の戦争行為に起因する個人たる外国人の戦争被害については，我が国の国家賠償法の適用を受けるべき領域に含まれるというべきであって，その結果，国家賠償法の附則6項の定める，国家賠償法「施行前の行為に基づく損害については，なお従前の例による」ということが適用され，前記のとおり，本件加害行為当時の日本では国家無答責の原則が採られていたので，結局，我が国は賠償責任を負わないことになるといわざるを得ないのである。"

[505] また，根拠②に関する説明は以下の部分である。
"前掲各証拠及び弁論の全趣旨によれば，法例は明治31年に制定施行された法律であるところ，行政裁判所法及び旧民法が公布されたのは明治23年であって，その法制上，公権力の行使による不法行為については損害賠償を求めることは出来ない（国家無答責）とされており，そのような国家無答責が採用された理由が定かでないとしても，右法例の制定当時，既に我が国において国家無答責の原理が採用されていたと見るのが相当であると解される。そうであれば，その原因が外国で発生した場合においても，それが公権力の行使によるものである限り，法例11条1項の「不法行為」には当たらないものとして制定されたものと見るのが相当である。加えて，上記明治31年当時，少なくとも我が国が外国を戦地としてする戦争行為については，それが当該外国の「不法行為」に当たることをもって，法例11条1項を介して我が国の損害賠償責任を肯定させ得るなどということは全く想定されていなかったというほかない。"

II 判決の争点整理

1 はじめに

[506] 本判決の結論と法律構成は上に示された通りである。以下では判旨の論理構成を細分化し，**本件の争点は何か，裁判所がどのような結論を挙げているか，なぜそのような結論を導いたのか**，これらを判断基準の形成・適用の両面から理解していこう。その場合まず裁判所の結論につき賛成の視点からみていくことが有用である。というのは，判旨の結論を正当化する根拠を遡及し，

判旨の論理構成において重要な争点を把握することが，訴訟物全体の法律構成の理解に資するからである。

2　個別的争点ごとの整理
(1)　Xの請求権の有無について

[507]　はじめにXの請求棄却という結論部分からみていこう。判旨がこの結論を引き出した**判断基準は何か**。判旨は国賠法附則6項を挙げる。同項を適用するのは，本件が「我が国の国家賠償法の適用を受けるべき領域に含まれる」からである。国賠法がわが国の実質法であることに着目すれば，日本法が判断基準とされる根拠が問われよう。けだし，本件は原告および加害行為地に外国的要素をもつ渉外事件だからである。そこで，**本件が法例の規律対象か否か**が争点となった。この点につき判旨は，Xの請求が「法例11条を介して我が国に対して請求し得る権利には当たらない」と述べて否定説を採る。その根拠には前述（[503]）の①および②が並列的に挙げられる。

[508]　上の**判断基準の適用基準**はどうか。国賠法附則6項によれば請求が棄却されるという場合，同項の適用過程が明らかにされなければならない。それには法律要件と法律効果に対する判旨の解釈を確認する必要がある。判旨は同項にいう「従前の例による」という法律効果に国家無答責の原理が該当すると判断する。それは，「本件加害行為当時の日本では国家無答責の原理が採られていた」と認定されたからである。「従前の例」の解釈に日本法を用いるのは，「原告らの各請求は，最終的には，日本法の要件を充足しなければ成立せず，また，その効力についても日本法の適用を受ける」と判断したからである。それならば，**国家無答責の原理はどのような効果を導くか**。判旨は，この原則によれば「公権力の行使に係る行為について国は損害賠償責任を負わない」と述べ，Yの賠償責任を否定している。

このように国賠法附則6項の法律効果を発生させるには同項所定の法律要件に該当する事実を認定しなければならない。この点につき判旨は本件加害行為

が国賠法「施行前の行為に基づく損害」に該当すると判断する。

[509]　判旨は本件加害行為を法例の規律対象外とし，国賠法を適用させた上で国家無答責の原則によりXの請求を棄却した。そこで，法例の適用を否定する根拠①および②の説明が確認されなければならない。

(2)　根拠①について

[510]　なぜ公法的法律関係であれば法例の規律対象外となるのか。それは，「私法とされれば国際私法に委ねられ，公法とされればそれぞれの法律の趣旨から地域的適用範囲が定められる」と理解されているからである。このような理解の前提には，サヴィニー型国際私法の適用が述べられている。サヴィニー型国際私法が根拠となるのは，日本の国際私法が「サヴィニー型国際私法観を純粋に近い形で成文法化した」ものだからである。判旨がこのように認識したのは，日本の国際私法が「サヴィニーに忠実であったドイツの民法施行法の草案段階のもの（……）を参考にして起草された」からである。ここで，上にみた「公法」と「私法」の区分を本件にも採用するか否かが争点となった。この点につき判旨が肯定説を採る理由には，「このような二分法をとるというのが現在の法の適用関係に関するルールである」こと，「少なくとも本件当時においては」上のように考えられていたこと，これら2点が述べられている。

[511]　上の基準はどのような適用過程を辿ったか。上記基準が成り立つとしても，本件が「公法的法律関係」に該当しなければ，法例の規律対象外となるという効果も発生しないことを考えれば，判旨が本件を「公法的法律関係」であると解釈した過程が明らかにされなければならない。判旨はこの判断にあたり，「私法的法律関係」を「法の互換性が高く，法律の所属する国家の利益に直接関係しない」もの，言い換えれば，「国家利益との結び付きが弱」いもの，「市民社会のルール」であると解釈した。これに対し「公法的法律関係」は，「国家利益が直接に反映され，場合によっては処罰で裏打ちされることもある」

第 5 章　第一審判決について

もの，言い換えれば，「国家利益との結び付きが強」いもの，「『権力』対『人民』との関係」，「国家の維持，存亡等にすら影響のある問題」であると解釈した。このような解釈により本件が「公法的法律関係」に当たるとされたのは，「国家賠償問題の歴史的経緯や実定法としての国家賠償法」に「国家賠償問題に対する国家の強い利害関係」が表れているからである。

　こうした判断に先立ち裁判所は，国家賠償問題の歴史的経緯として，「本件当時国際法上戦争行為等に付随する行為についての損害賠償問題は政治問題として観念されていたこと」，「侵略戦争ないし侵略行為をした国家は，相手方国家及びその国民に対して損害賠償をしなければなら」ないこと，「歴史的には，戦勝国が敗戦国に対して右につき損害賠償義務を課し，又は損害賠償請求権の行使を放棄する」こと，「戦勝国が敗戦国に対して損害賠償を負担すること」はほとんどないこと，これらを認定した。また，国賠法については，同法附則6項に示される通り同法施行前までの「国家の公権力の行使に係る行為についての法理」を確認すると，「公権力の行使については国は損害賠償責任を負わないという立法政策が確立していた」こと，「このような趣旨における国家無答責の法理は，実体法である私法ないし民法の適用自体を排除している」こと，これらを認定した。判旨が「国家の公権力の行使に係る行為についての法理」を強調するのは，本件を「国家の公権力行使に当たる公務員がその職務遂行上違法に私人に損害を与えたとされる場合の賠償責任の問題」と位置付けるからである。

(3)　根拠②について

[512]　判旨は法例の制定過程によっても本件が法例の規律対象外になると述べる。この点につき，**なぜ法例の制定過程が法例の規律対象を決定し得るのか**(判断基準の形成過程)については述べられていない。一般的に法令の解釈基準について立法者意思が尊重されていることに鑑みたのであろう。それでは上の**基準はどのように適用されたか**。判旨は法例が制定された「明治 31 年当時……戦争行為については……法例 11 条 1 項を介して我が国の損害賠償責任を

第2部　損害賠償請求事件

肯定させ得るなどということは全く想定されていなかった」と述べる。それは，「法例の制定当時，既に我が国において国家無答責の原理が採用されていたと見るのが相当」だからである。この点が根拠となるのは，上の法理が「公権力の行使に係る行為について国は損害賠償責任を負わない」ことを示すからであろう。この法理を強調する前提には，先に示した（[511]）判旨の本件事案に対する位置付けがあろう。

　それならば，なぜ「**法例の制定当時，既に我が国において国家無答責の原理が採用されていたと見るのが相当**」と判断されたのか。それは，明治23年に公布された行政裁判所法および旧民法の法制を考慮したからである。

(4)　まとめ

[**513**]　東京地裁による本判決の内容は，以上に見たとおりである。すなわち，本件は，公法的法律関係であること，法例の想定外の事実であること，この2点により法例の規律対象から排除され，わが国の国賠法が適用される。同法附則6項によれば本件には国家無答責の原則が適用されるため，Xの請求は棄却される。このような説明により，判旨の結論とその判断基準，そして判断基準の形成過程と適用過程が理解されたであろう。しかし，判旨の基準には省略されているものもあり，必ずしも論理的な説明とは言えないようである。そこで以下では行間を補充しつつ帰納的に判旨の論理構成を再整理する。

3　帰納的再整理

[**514**]　Xの請求権の有無という結論部分に着目すると，以下の争点の配列がその一例となろう[3]（なお，かっこ内の表記は判旨の評価である）。
(01) Xの損害賠償請求を認めるべきか否か（認めるべきではない）
(02) Yは私人に対して直接損害賠償責任を負うか否か（負わない）
(03) 国家無答責の原理の効果は何か（公権力の行使に係る行為について国は損害賠償責任を負わない）

---

[3]　以下の争点リストには先に引用された判旨以外からも，判旨中判断基準となり得る点を若干加えている。

第 5 章　第一審判決について

(04) 国家無答責の原理の効果は発生しているか（している）
(05) 国家無答責の原理の要件を充足しているか（している）
(06) 国家無答責の原理の適用対象における区分の有無（区別はない）
(07) 本件加害行為は公権力の行使に係る行為か（公権力の行使に係る行為である）
(08) 本件加害行為が行われたのは国賠法施行前か後か（前である）
(09) 国賠法施行前までの国家の公権力の行使に係る行為についての法理は何か（国家無答責の原則である）
(10) 国賠法附則 6 項「従前の例による」はどのように解釈されるか（同法施行前までの国家の公権力の行使に係る行為についての法理による）
(11) 国賠法附則 6 項の法律効果は何か（「従前の例による」の解釈による）
(12) 国賠法附則 6 項の法律効果は発生しているか（している）
(13) 国賠法附則 6 項の法律要件は充足しているか（している）
(14) 国家の公権力の行使に係る行為が国賠法施行前のとき，その行為の賠償責任を何により決めるか（国賠法附則 6 項）
(15) 国家賠償法のうちどの法規によるかを何により決めるか（国家の公権力の行使に係る行為が同法の施行前か後かによる）
(16) 本件加害行為について X が損害賠償責任を負うか否かを決める法規は何か（国家賠償法）
(17) 日本法のうち，どの規定によるか（国家の公権力の行使に係る行為の賠償責任を定める法規による）
(18) 日本法のうち，どの規定によるかをどのようにして決めるか（弁論の全趣旨による）
(19) 本件加害行為に基づく X の損害賠償請求の有無に関する実質法はどれか（日本法）
(20) 法廷地はどこか（日本）
(21) 本件加害行為に基づく X の損害賠償請求権の有無を何により決めるか（法廷地実質法による）
(22) 本件は法例の規律対象か（規律対象ではない）
(23) 本件訴訟物は公法的法律関係か（公法的法律関係である）
(24) 本件訴訟物は国家利益との結び付きが強いか（強い）
(25) 国賠法に国家利益との結び付きの強さが表れているか（表れている）
(26) 実体法である私法ないし民法の適用自体を排除することは何を表すか（国家利益との結び付きの強さ）
(27) 国家無答責の原則の適用はどのような効果を導くか（実体法である私法ないし民法の適用自体を排除する）
(28) どのような立法政策が確立していたか（国家無答責の原則）
(29) 国賠法附則 6 項の効果の解釈は何か（国家無答責の原則による）
(30) 行政裁判所法と旧民法の内容は何か（公権力の行使に係る行為について国は損害賠償責任を負わない）

— 85 —

第 2 部　損害賠償請求事件

(31) 国賠法施行前の法理の確認をどの手続法と実体法によって行うか（行政裁判所法と旧民法）
(32) 最判昭和 25 年 4 月 11 日の内容は何か（公権力の行使に係る行為について国は損害賠償責任を負わない，というもの）
(33) 国賠法施行前の法理の確認をどの判例によって行うか（最判昭和 25 年 4 月 11 日による）
(34) 本件の全証拠により本件当時におけるわが国の法体系が国家無答責の原則と異なるものであると認められるか（認められない）
(35) 国賠法施行前の法理をどのように確認するか（本件の全証拠，判例，手続法，実体法，これらによる）
(36) 国賠法附則 6 項にいう「従前」とはいつか（国賠法施行日である昭和 22 年 10 月 27 日の前まで）
(37) 国賠法附則 6 項の効果の解釈に何を適用するか（日本法の概念）
(38) 国賠法附則 6 項の効果は何か（「従前の例による」）
(39) 国賠法附則 6 項の効果は発生しているか（している）
(40) 本件加害行為は国の公権力の行使に係る行為か（行為である）
(41) 国賠法のうちどの規定が適用されるか（国賠法附則 6 項）
(42) 本件加害行為はいつ行われたか（国賠法施行前）
(43) 国賠法のうちどの規定が適用されるかをどのように決めるか（本件加害行為が行われた時期による）
(44) どのような立法政策が考慮されるかをどのように決めるか（国賠法を適用させた効果を考慮する）
(45) 国賠法に国家利益との結び付きの強さが表れているかをどのように決めるか（立法政策による）
(46) 国家賠償問題に適用される実体法は何か（国賠法）
(47) 国家賠償問題の歴史的経緯に国家利益との結び付きの強さが表れているか（表れている）
(48) 政治問題，および侵害行為当事者間に差別が存在すること，これらは何を表すか（国家利益との結び付きの強さ）
(49) 国家賠償問題の歴史的経緯は何か（本件当時国際法上戦争行為等に付随する行為についての損害賠償問題は政治問題として観念されていたこと，侵略戦争ないし侵略行為に関する損害賠償は戦勝国が敗戦国に対して義務を課し，戦勝国が敗戦国に対して義務を負うことはほとんどなかったこと）
(50) 国家賠償問題の歴史的経緯をどのように認識するか（弁論の全趣旨および裁判所の職権による調査による）
(51) 本件訴訟物は何か（国家の公権力行使に当たる公務員がその職務遂行上違法に私人に損害を与えたとされる場合の損害賠償責任の有無）
(52) 訴訟物の国家利益との結び付きの強弱を何により決めるか（訴訟物に関する歴史的経緯および実体法による）

第 5 章　第一審判決について

(53) 国家利益との結び付きの強弱を何により決めるか（訴訟物が考慮される）
(54) 原則に当てはまるか否かを何により決めるか（国家利益との結び付きの強弱による）
(55) サヴィニー型国際私法とは何か（国家利益との結び付きの強弱により私法か公法かが決まる）
(56) サヴィニー型国際私法を採用するか（する）
(57) 公法と私法を区分するか（する）
(58) 現在の法の適用関係に関するルール，および本件当時における法の適用関係に関するルールは何か（公法と私法の二分法をとる）
(59) 公法と私法を区分するか否かを何により決めるか（現在の法の適用関係に関するルール，および本件当時における法の適用関係に関するルールによる）
(60) 公法と私法との間にはどのような違いがあるか（法の適用に関するルールの違い）
(61) 公法と私法との間に違いの有無（ある）
(62) 私法の適用に関するルールは何か（国際私法に委ねられる）
(63) 公法の適用に関するルールは何か（国際私法に委ねられず，それぞれの法律の趣旨から地域的適用範囲が定められる）
(64) 公法と私法とを区分するか否かを決めるためには何が必要か（両者間に違いが存在すること）
(65) 法例はサヴィニー型国際私法観を純粋に近い形で成文法化したか（した）
(66) 法例の起草はどのように行われたか（サヴィニーに忠実であったドイツの民法施行法の草案段階のものを参考にした）
(67) 法例がサヴィニー型国際私法観を考慮して成文法化された否かの判断基準は何か（法例の起草過程）
(68) 法例がどのような制度を採っているかを何により判断するか（サヴィニー型国際私法を採用しているか否かが考慮される）
(69) 法廷地抵触法は何か（法例）
(70) 公法的法律関係か否かの判断基準のうち原則に当てはまるか否かの判断基準をどのように決めるか（法廷地抵触法制度如何による）
(71) 本件は公法的法律関係か否かの判断基準のうち例外に当てはまるか（当てはまらない）
(72) 公法的法律関係か否かを何により決めるか（原則と例外による）
(73) 国家無答責の原理はどのような効果を導くか（公権力の行使に係る行為は法例の規律対象から除かれること）
(74) 国家無答責の原理の効果は発生するか（する）
(75) 国家無答責の原理は外国にも適用されるか（される）
(76) 法例の制定当時採用されていた法理は何か（国家無答責の原則）
(77) 行政裁判所法および旧民法はどのような法制度が採られていたか（国家無答責の原則）
(78) 法例制定当時，公権力の行使による不法行為に基づく損害賠償について定めた法

第 2 部　損害賠償請求事件

　　　　律は何か（行政裁判所法および旧民法）
　(79)　法廷地抵触法は何か（法例）
　(80)　法廷地抵触法制定当時の法制度のうち何によるかをどのように決めるか（公権力の行使による不法行為に基づく損害賠償について定めているかによる）
　(81)　本件訴訟物は何か（国家の公権力の行使に係る不法行為に基づく損害賠償請求）
　(82)　法廷地抵触法制定当時採用されていた法理のうちどれによるかを何により決めるか（訴訟物および同法制定当時の法制度が考慮される）
　(83)　法廷地抵触法の解釈を何により決めるか（法廷地抵触法制定当時採用されていた法理による）
　(84)　外国法の適用をどの程度許容できるかを何により決めるか（公法的法律関係か否か，法廷地抵触法の解釈如何，これらによる）
　(85)　抵触法的規律方法の適用範囲を何により限定するか（外国法適用許容性による）
　(86)　抵触法的規律方法の適用範囲を限るか（限る）
　(87)　法源発見の通常の方法をどのように決めるか（抵触法的規律方法を採用するか否かによる）
　(88)　法源を発見するにはどうすべきか（通常の方法による）
　(89)　本件損害賠償請求の認否の判断基準をどのようにして決めるべきか（法源を探求する）

[515]　上に列挙された争点の関連性を示すと，以下のようになる。
　まず，結論部分については，(89)〜(22) が判断基準の形成基準の連鎖であり，(21)〜(01) が判断基準の適用基準の連鎖となる。
　上記形成基準の連鎖のうち，(84) により形成された基準を適用させると (23) かつ (73) によって (22) となる。
　そのうち (23) が導かれる基準の連鎖はまず，(72) だけれども (71) なので (70) へと検討が進む。この点は，(57) および (65) から (56)，そして (52) という形成過程を辿り，それを (51) によって (25) かつ (47) となり，よって (24)，だから (23) となる。
　また，(73) が導かれるのは (83) から (72) の基準の連鎖を辿るからである。

Ⅲ 判決の分析と検討

1 はじめに

[516] 上で確認された判旨の法律構成はどのように**評価されるか**。著者自身，判旨の論理構成に対し，全面的に肯定説をとることについて疑問が残る。その際に，具体的な評価を行うには**評価基準を何に求めるか**。判旨が採る**判断基準の適否，思考順序（争点配列）の適否**，これらが挙げられる。それは，裁判例を検討する意義が，争点としての適否，判断基準の適否等，分析段階において発見した矛盾を踏まえて，**より具体的，より緻密な解決方法とは何であるか**を考察することにあるからである。このように考えるのは，この裁判例でも緻密な論理構成の下で判断が示されているとは言えず，更なる争点補充の余地が残されていると考えるためである。以下では，判旨がＸの請求を棄却した実質法上の判断基準と，当該実質法上の判断基準を支える抵触法上の判断基準がそれぞれ検討対象とされる。

2 実質法上の判断基準について

[517] 判旨がＸの請求を棄却したのが，日本法の適用を前提としてわが国の国賠法を法源に用いたからであることは上で確認された通りである。それならば，**なぜ日本法の適用をもって国賠法の適用を主張し得るのか**。この点を問うのは，判旨が日本法の適用根拠に，本件が公法的法律関係であること，言い換えれば，公法の属地性を挙げているからである。公法の属地性の解釈如何によっては，わが国の国賠法の適用範囲も日本における公務員の不法行為にのみ適用されるという理解も成り立ち得る。このような理解が成り立つのは，判旨が「公法」の適用に関するルールを「公法とされればそれぞれの法律の趣旨から地域的適用範囲が定められる」と説明しているのに，こうしたルールの国賠事件に対する適用過程について言及していないことによる。そう考えるのは，単に本件が「我が国の国家賠償法の適用を受けるべき領域に含まれるというべき」

と言い換えられているに過ぎず，何ら客観的な判断基準が示されていないからである。

[518] それでは，どのような補充的説明が考えられるか。まず，**国賠法（附則6項を含む，以下同じ）の場所的適用範囲を決める法源は何か**が問われよう。国内法の法源探求に関する通常の理解によれば，国賠法にはこの点に関する法律の趣旨が明文規定にも確立した慣習法にも示されていないため，条理によることとなる。判旨の理解によれば国賠法は公法的法律関係であると捉えられている。公法的法律関係に対しては，公法の属地性によることから，この原則が条理の内容となり得よう。その結果，国賠法の場所的適用範囲は日本国内となる。

こうした考えを前提とすれば，判旨が国賠法を外国における公務員の不法行為に対して適用することには論理に飛躍があるといわざるを得ない。判旨の主張が成り立つことを証明するためには，「公法」の適用に関するルールの適用過程が，比較の第三項たる判断基準の連鎖によって明らかにされなければならないだろう[4]。

3 抵触法上の判断基準について

[519] 判旨が本件を法例の規律対象外と判断した根拠には，①本件が公法的法律関係であること，②法例制定当時わが国で国家無答責の原理が採用されていたこと，これら2点が挙げられていた。以下では，それぞれの適否が検討される。

(1) 根拠①について

[520] まず，この判断基準の形成過程についてである。判旨は現在でも「公

---

[4] 1つの解釈方法として，国賠法6条に定める「外国人が被害者である場合」を例示と解し，この文言には「外国が被害地である場合」も含まれると主張すれば，国賠法の明文規定により当該法律の場所的適用範囲に外国が含まれることになろう。むろん，この場合にもそうした解釈を採る解釈基準が示されなければならない。

法」と「私法」という二分法が採られていることによってサヴィニー型国際私法観の採用を決める。しかしながら，「公法」・「私法」の二分法が採られているか否かの認定基準については，現在または本件当時の「法の適用に関するルール」としか述べられていない。「法の適用に関するルール」をどのように認識するかに関する言及が必要なのではないだろうか。けだし，判旨も「『私法の公法化』が進んでいる現在にあっては，境界が極めて曖昧になる」と述べているからである。その一方で両者の区別の採用を優先させるならば，それが肯定されるような比較の第三項たる優劣の判断基準が示されなければならない。それが明示されていない判旨の説明は不十分であろう。

[521]　加えて判旨が，法例がサヴィニー型国際私法を成分化したものであることをもって本件に対してもサヴィニー型国際私法観を採用することについても疑問の余地があろう。けだし，法例の立法当時の社会状況と本件当時または現在の社会状況との間には，違いがあるように思われるからである。この点を強調するのは，どのような法の立法過程にも当時の社会状況が背景にあることによる。そうした社会状況は時間の流れとともに変化する。こうした理解を前提とすれば，**本件においても法例が制定された明治 31 年の起草背景を援用する是非が問われよう**。しかしながら，この点についても判旨は何ら触れるところがない。

[522]　それならば，**サヴィニー型国際私法観を援用するとなぜ必然的にそうした結論が導かれるのだろうか**。この点を問うのは，基準の適用過程においても政策的評価を異にし得る争点がなお存在するはずだからである。それは以下の 3 つの疑問により明らかになろう。

[523]　第一に，判旨が「**実定法としての国家賠償法**」によって国賠問題の国家利益との結び付きの強弱を判断する適否についてである。この点を問うのは，一方で判旨が「サヴィニー型国際私法の予定する普遍的な価値共同体」とも述

べているからである。「普遍的」という言葉の通常の理解を前提とすると，サヴィニー型国際私法の解釈に一国の実質法が優先的に用いられることは矛盾していると思われる。この点は，**判旨が「普遍的な価値共同体」をどのように解釈するか**が示されていないことからその真意を知り得ない。判旨の論拠が成り立つような補充的説明が必要であろう。

[524] 第二に，前述の「実定法としての国家賠償法」の解釈方法についても疑問が生じる。判旨は国賠法制定前にわが国で国家無答責の原理が採用されていたことを理由に法例の適用を排除する。しかしながら，国家無答責の原理により判断される具体的な責任の有無は実質法レベルの問題である。また，国家無答責の原則を導く国賠法附則6項が適用されるのも実質法の次元である。渉外事件に関する法適用の通常の理解によれば，実質法レベルの問題は抵触法レベルの問題が解決された後で生じるのであり，その逆ではない。それにも拘らず判旨が実質法上の概念により抵触法上の概念を解釈するのは，当該実質法の適用を始めから予定し，結論を先取りした結果ではないだろうか。こうした批判を回避しようとすれば，抵触法の解釈に対する実質法概念の利用を支える客観的根拠が示されなければならないだろう。

[525] 第三に，上記の認識を前提として，判旨が本件を国家利益との結び付きが強い，言い換えれば，法例の適用の有無に影響を及ぼす事案であると述べることについても注意が必要である。けだし，**本件にどのような解釈基準を適用すればそのような結論が導き出されるのか**，何ら述べられていないからである。この点を指摘するのは，たとえ本件を「国家の公権力行使に当たる公務員がその職務遂行上違法に私人に損害を与えたとされる場合の賠償責任の問題」，「日本軍の軍人が中国領土における戦争行為に伴い中国国民に損害を与えたこと」，「それぞれの国家の存亡等にすら影響のある問題」と言い換えるとしても，そうした言い換えは法例の適用範囲を決定する比較の第三項にはなり得ないからである。むしろ，「国家の公権力行使に当たる公務員がその職務遂行上違法

に私人に損害を与えたとされる場合の賠償責任の問題」という表現から，国賠法の適用という結論を先取りしていることが推測されよう[5]。このように考えれば，本件が国家利益との結び付きが強いとする判旨の主張には客観的根拠が欠けることになるだろう。

(2) 根拠②について

[526] 判旨は法例制定当時のわが国の法制度に依拠して，本件を法例の規律対象から除く。この判断基準について特に着目されるのはその適用過程である。けだし，法例の解釈に際して，何も客観的基準が明示されていないように思われるからである。

第一に，**法例の解釈基準時如何**についてである。判旨はこれを同法の施行時である明治31年に設定する。それは立法者意思を尊重するからであろう。しかしながら，一般に法律の文言が抽象的な表現であることから知られるように，立法者は法の施行後に変化する社会状況を考慮して，法律の文言に解釈の余地を与えている。こうした実態を踏まえると，たとえ立法者意思を尊重するとしても，法例の解釈基準時を明治31年とする客観的な根拠が必要である。

[527] 第二に，**国家無答責の原理により法例の規定を解釈する是非**についてである。この点を強調するのは，先にも述べた通り（[524]），**実質法上の概念が抵触法上の概念に影響を及ぼし得るか**という疑問を呈する余地があるからである。ここでも，判旨の論拠の矛盾を払拭し得る根拠について，言及されるべきであろう。

4 異論の可能性

[528] 上に検討された通り，判旨の法律構成には実質法上も抵触法上も，個々の判断において比較の第三項たる判断基準が明示されていないことも少な

---

[5] 国賠法1条1項の文言を参照。

くない。それどころか矛盾する主張も複数見受けられる。これは，判旨の法律構成には異論が並立する余地があることを如実に表している。そこで以下では，Xの主張を尊重し，Xの請求認容という結論をもたらす法律構成を具体的に示したい。こうした法律構成と判旨のそれとの間には，まだ客観的な優劣の判断基準はない。それにより，判旨の結論も絶対ではないことが示されるだろう。

[529] **Xの請求を認めるべきか否か**。この点が肯定されるのは，実体問題の判断基準に中華民国民法184条を適用するからである。同法同条の適用の結果，Xの請求が認容されるのは，同条の法律効果「損害賠償責任を負う」の解釈如何による。この法律効果にXの請求が該当するため請求が認められる。このように同条の法律効果によりXの請求を認容するには，同条の法律効果が発生していなければならない。法律効果の発生は，本件が「故意または過失により不法に他人の権利を侵害した者」という法律要件を充足することによる。法律要件の充足はどのように判断されるか。それは，①侵害行為の存否，②他人の権利の侵害の存否，③違法性の有無，④被害者に被害発生の有無，⑤侵害行為と被害との間の因果関係の存否，⑥加害者の故意の有無，⑦加害者の責任能力の有無，これらによる。証拠および弁論の全趣旨の認定の仕方次第で，本件は上記7点すべてが肯定されるという解釈もあり得よう。

このように中華民国民法184条が適用されるのは，本件の準拠実質法が中華民国法だからである。中華民国法のうち同法同条が選択されるのは，弁論の全趣旨によれば，中華民国法上不法行為責任を定める規定は中華民国民法第二編債権編にあたり，そのうち一般的不法行為を規定するのが同法184条だからである。

[530] それならば，**中華民国法が適用されるのはなぜか**。それは法例11条1項が適用されることによる。法例11条1項の適用により中華民国法の適用が根拠付けられるのは，同条同項の連結点「其原因タル事実ノ発生シタル地ノ法律」の解釈如何による。当該連結点の解釈が当事者間の公平に資する形で行わ

れる結果，それが不法行為地法と解される余地もある。その場合，不法行為地法が中華民国法と認定されるため，同条同項により中華民国法が指定される。

それでは，**不法行為地法が中華民国法と認定されるのはなぜか**。それは不法行為地が同国と認定されることによる。**その根拠は何か**。この点を問うのは，弁論の全趣旨によれば，当時は中華民国ないし満州国の領域内であった本件不法行為の発生地が，現在は中華人民共和国の領域内だからである。したがって，不法行為地として考えられる3つの選択肢のうち中華民国の優先性が証明されなければならない。これを証明する優劣の判断基準を何に求めるか。それは，①国際的な国家承認を得ているか否か，②本件加害行為当時の不法行為地はどこか，これら2つである[6]。この2点が基準とされる理由は，国際私法が各国主権の衝突を公平に解決するために「最も密接な関係の原則」[7]に従って連結点を表現しているからであるといえる。

まず，①によれば満州国が排除される。それは1933年2月24日，日本政府の満州国承認が国際法上いわゆる「尚早の承認」とされたことから知られる[8]。また，②によれば中華民国法が優先される。けだし，本件加害行為当時，加害行為の発生した地は中華民国だったからである。

[531]　このように法例11条1項の連結点の解釈により中華民国法が準拠法に指定されるには，本件が同条同項の単位法律関係「不法行為ニ因リテ生スル債権ノ成立及ヒ効力」に該当しなければならない。この点の判断はどのように行われるか。それは単位法律関係の解釈如何による。その際，サヴィニー型国際私法は普遍的な価値共同体を予定するので，自主的比較法説により解釈される。その結果，本件は同条同項の単位法律関係に包摂され得る。

[532]　こうして法例11条を適用するには，前提として法例の適用が肯定さ

---

[6]　山内他『手続法（下）』41-43頁参照。
[7]　山内他『手続法（中）』127-129頁参照。
[8]　奥田安弘「国際私法からみた戦後補償」奥田安弘・川島真他著『共同研究　中国戦後補償―歴史・法・裁判―』（明石書店，2000年）126頁以下。

れなければならない。本件につきこの点が肯定されるのは，渉外性の有無について肯定されるからである。けだし，渉外事件に関する法源探求ルールの通常の理解によれば，まず関係諸国間の統一実質法が，次いで統一抵触法が探求され，これらの存在が否定された後に法廷地抵触法が適用されるからである。本件関係諸国間には統一実質法も統一抵触法も存在しないため，法廷地抵触法が適用されることとなる。法廷地日本の抵触法が法例であることから，同法の適用が肯定される。

Ⅳ 要約と課題

[533] 本章ではまずXの請求を棄却した判旨の論理構成が確認された。すなわち，本件が公法的法律関係であること，法例の制定当時国家無答責の原則が採用されていたこと，この2点により本件は法例の規律対象外になる。それゆえ，日本法たる国賠法が本件実体問題の判断基準となる。国賠法によれば本件には同法附則6項が適用される。同項によると本件には，同法施行前に採用されていた国家無答責の原則が適用される。その結果，YはXの損害賠償義務を負わない。

[534] こうした検討を通し，判旨の論理構成について更なる行間補充の余地が残されていることが明らかになったといえよう。その1つに**抵触法上の概念の解釈基準を何に求めるか**という問題もある。国際私法はあらゆる国の全実質法秩序を規律の対象としているといわれるものの，具体的解釈基準は未だ明らかにされていない。個々の事案に関する分析の必要性があるだろう。

第6章

判例評釈について

I 評釈の結論と法律構成

1 評釈の結論[1]

[601] 第5章でみた本判決に，本件評釈者は次のように述べて賛成する。
"以上より推論過程は別として，国賠法は公法的であるから直接適用されるという本件判決のとった見解に結論的には賛成すべきものと思われる。"

2 評釈の法律構成

[602] 本件評釈では上に引用した結論を除く部分が大きく3つに分けられる。分類番号「1」では国際私法上の論点を検討する必要性，本判決の論旨の要約，本判決の結論に賛成するが理由を異にする点，これら3つが順に述べられている。また，「2」では「渉外的国賠事件は公法的法律関係であるから法例の射程外にあるという本判決……の論拠の当否」が，「3」では「国賠法が法例を介して適用される場合と直接適用の場合」のうちどちらが適当かについて検討されている。

---

[1] 本件評釈も判旨に従い，「一」の序論に続いて「二 国際法上の論点について」と「三 国際私法上の論点」とから構成されている。本章の対象とされるのは後者のみである。

第2部　損害賠償請求事件

[603]　先に引用した本判決への評価は，評釈者による本判決への理解を前提とする。判決の捉え方如何により評価も自ずと違ってくることを思えば，まず**評釈者が本判決をどのように捉えているか**が示されるべきであろう[2]。それは次のようになる。本判決が原告の損害賠償請求権の有無につき否定説を採るのは，法源として国賠法附則6項を適用した結果である。けだし，同項の法律効果「従前の例」に国家無答責の原則が当てはまるからである。それは，本件当時国家無答責の原則がわが国で妥当していたことによる。それでは**なぜ国賠法附則6項を適用するのか**。当該附則の本則に当たる国賠法を適用するからである。

それでは，**日本法が適用される根拠は何か**。基準の形成に関わるこの点には第一の根拠と，それが排除される場合の予備的根拠が挙げられる。前者は本件が法例の適用範囲外である点にある。それは，法例の適用外ならば法廷地法が直接適用されるからである。本件が法例の適用範囲外にあるのは，法例の立法者が当時の国家無答責の原則を前提としたこと，国家賠償事件は公法的法律関係を問題にすること，これら2点が理由となる。たとえこの2点が排除され，本件が法例の適用範囲内とされても，予備的根拠により日本法の適用は支えられる。それは，法例11条2項，3項により日本法が累積適用されるからである。

[604]　評釈者は本判決の評価に当たり，上でみた判旨の根拠のうち，日本法の適用を支える第一の根拠に焦点を当てる。その上で，評釈者が「本件判決……には賛成すべきものと思われる」と評価するのは，「本件事案は法例の射程範囲に入らないとする**本判決の結論**」の賛否[3]，「渉外的国賠事件は公法的

---

[2]　この点につき第5章の内容で代替不可能なのは，同じ判決に対しても捉え方は人により異なるためである。それは，本件評釈，本書第5章ⅡおよびⅢ，奥田安弘「戦後補償裁判とサヴィニーの国際私法理論（Ⅰ）（Ⅱ・完）」北法51巻3号（2000年）223頁以下および4号（2000年）335頁以下，これら3つにおける捉え方が必ずしも共通していないことからも明らかである。こうした捉え方の違いは，本判決について何を主張したいかという目的意識にも左右される。本件評釈では［603］で挙げられる本判決の論拠について評価を行おうとするがゆえにこうした判旨の理解を述べているものと思われる。

[3]　本章の範囲外とされるこの点についてどのように説明されているかを概観しよ

第6章　判例評釈について

法律関係であるから法例の射程外にあるという**本判決……の論拠の当否**」，「国賠法が法例を介して適用される場合と直接適用の場合」のうち**後者が適当か否か**[4)]，これら3点[5)]について肯定説を採るからである。以下ではこのうち，第

う。けだし，本章で省略された2つの評価もあって評釈者による評価が成り立っているからである。まず，「本件事案は法例の射程範囲に入らないとする本判決の結論に賛成する」のは，「法例が念頭においているのは，平時における違法行為とその損害填補であ」ると解されたからである。この判断基準の適用過程として，本件が上述の「平時における違法行為とその損害填補」に当たらないとされたのは，「戦争状態下で行われた行為は……異常事態」と位置付けられたからである。このように法例の射程範囲を「平時における違法行為とその損害填補」に限り，「戦争状態下で行われた行為」が「異常事態」とされた判断基準の形成過程については，「法例の立法者の意図」を考慮したからである。

　それならば，「戦争状態下で行われた行為」についてはどのような解決基準を用いるべきか。この点につき評釈者は「戦後補償立法……の直接適用」を考える。しかしながら，「かかる立法措置がないため法の欠缺状態が生じて」いる。裁判官は法の欠缺を理由に裁判を拒否することはできない。それならばどのような補充的基準が考えられるか。これは「国家無答責の原則が適用される」と説明される。この基準が形成されるのは，上記原則が「本件行為当時に妥当していたと思われる」ことにより，国賠法の附則6項にいう「従前の例」に当てはまるからである。また，国賠法の附則6項適用の根拠は，「国家賠償の時的適用範囲に関する一般規定といえるから類推適用すべきもの」と説明される。こうした説明の前提には，上記附則の本則に当たる「国賠法を（直接）類推適用すべき」点が示される。なお，「国家無答責の原則」の適用過程については述べられていない。

　評釈者は「本件事案は法例の射程範囲に入らないとする本判決の結論に賛成」しても，この評価を本判決の「理由」には与えていない。それは，本判決が平時と戦時を「一律に渉外的国家賠償の適用法規を論じるのには違和感をおぼえるからである」。というのは，上でみたように評釈者が国賠事件について平時の場合と戦時の場合とで判断基準を異にする二分説を採るからである。

4)　この点についても評釈者の説明を大まかに確認しよう。「国賠法が法例を介して適用される場合と直接適用の場合の」どちらが適当かについて答えるにあたり，評釈者はまず「渉外的国賠訴訟を3つの事例類型に分け」る。そのうち損害発生地を外国とする2つの類型について上の争点を検討する必要性を認め，国賠法の「直接適用の場合」を優先する。それは，「説明としてすっきりしているのはどれか，という点のみ」を考慮した結果である。「この点のみが決め手とな」って基準が形成されるのは，「法例を介するメカニズムを採用したとしても直接適用と結論的には差がない」からである。両者に差がなくなる理由は，「法例11条2項3項によって国賠法がかならず累積適用されると解」されるからである。このような解釈は，「国賠法が全面的に累積適用されるわけではないと解す」るよりも「全面的適用説のほうが好ましい……と思われるため」である。「好ましい」という評価をするのは，全面的適用説ならば「法適用の際の恣意性を排除でき」るからである。

　法例11条2項，3項の適用範囲について問うのは，「法例11条の適用から出発しなければならないとする」からである。それは，法例11条の単位法律関係概念に，渉外的国賠訴訟の訴訟物として請求される損害賠償請求権の認否が含まれるからであろう。法例の適用に言及するのは，「渉外的国賠訴訟を3つの事例類型に分

— 99 —

第2部　損害賠償請求事件

5章との関連を考慮した上で，便宜上[6]「渉外的国賠事件は公法的法律関係であるから法例の射程外にあるという本判決……の論拠の当否」[7]を中心的争点として取り上げ，本件評釈を分析し検討する。

[605]　まず評釈者の説明内容を確認する必要がある。それは次の通りである[8]。

(1)　"渉外的国賠事件は公法的法律関係であるから法例の射程外にあるという本判決の論拠は，筆者の立場では平時における国賠事案について考察すべきことになるが，それとは別にこの論拠の当否を検討してみたい。

(2)　渉外的国家賠償を公法的法律関係と理解する立場としては，国家賠償は立法政策如何によるものであり，渉外事件ではわが国の国益に重大な影響をもつゆえ国賠法は公法的色彩を強めるという説明（住田裕子……）が代表的である。これに対する反対説は，これは私法的法律関係であり法例の適用範囲の問題であると考える。その中にも法例11条によるとの説（奥田安弘……，山内惟介……も同旨か）と条理により公務員所属国法によるとの立場（山田鐐一……）がある。国内の国家賠償事件については，私法的法律関係と考える立場（古崎慶長……），最判昭和46・11・30（……）が有力であり，またそれを前提としてこの議論はあまり実益がないとする見解（阿部泰隆……）もあるのに比べると国際私法の論議はやや硬直的な印象を与える。しかし，国内国賠事件については私法説をとる一方で，渉外的国賠事件については「公権力の行使に起因する国家賠償の領域がそもそも法例の適用に馴染むと

け」た中でも損害発生地に「外国」を想定していることによる。尤も，基準「説明としてすっきりしているのはどれか」の適用過程は省略されている。

5)　これら3点の関係はどのように説明されるか。注3），4），および本文の以下の叙述から明らかなように，これら3点は原因と結果の関係に立つものではなく，並列的な関係にあると言えよう。もっと言えば，「渉外的国賠事件は公法的法律関係であるから法例の射程外にあるという本判決の論拠は，筆者の立場では平時における国賠事案について考察すべきことになる」（[605] (1) 参照）と述べるように，これら3点のうち2点目で判旨の論拠を評価し，1・3点目において戦時と平時とで法律構成を異にする評釈者の立場から異論を示している。判旨の論拠が成り立ち，その結論と評釈者の結論とが同じであるため，本判決に賛成説が採られる。

6)　紙面の制約から本章で扱う範囲をこの点に限る政策的根拠は何か。読者への情報伝達の正確性，迅速性を考慮すれば，読者と著者との間で知識を共有するものが優先される。それとして，まず考えられるのは，第5章で扱った内容，すなわち本判決の論拠についてである。これに関する叙述の分量を重視すれば，本文中に挙げた3つの根拠のうちの第2点が優先されると考えるからである。

7)　本件判旨の説明については，[510]，[511] 参照。

8)　引用文には，読者の理解を考慮して，本来付されていない段落番号を付して掲載した。

いえるかどうか」については現時点では躊躇を覚えるとする見解（宇賀克也
　　　……）が示唆するように，国賠事件の法的本質論はまだすっきりした形では
　　　解決しておらず，ただ国内事件では議論を中止しても実際上は差し支えなか
　　　ったところ，渉外事件でこの問題にあらためて陽があたってしまったと考え
　　　るのが正確な理解であろう。その意味で住田・前掲の指摘は的を射たものと
　　　いえる。ただその理由付けが大雑把なのでもう少し実質的に考えてみたい。
　(3)　国賠訴訟の手続きは民事訴訟であり，民法の適用を受け（国賠法4条），多
　　　数説によれば強制執行も可能とされている（……）から，理論的にも実務的
　　　にも国賠事件を私法的法律関係と考えて法例を適用し，準拠法が外国法の場
　　　合，その国の国賠法もあわせてわが国裁判所で適用して差し支えないように
　　　も思われる。しかし問題はその場合の引当財産が「公的資金」である点にあ
　　　る。わが国やわが国の公共団体は本来外国国家に対して向けられた法律によ
　　　って支出を命じられ，その結果その財政が外国法によって左右されうること
　　　になるが，これはわが国の統治構造の根幹にかかわるように思われる。……
　　　この点から筆者は，国賠事件と私法的法律関係の間には一線を引くべきもの
　　　と考えており，その意味で「公法」ということは可能であると思われる。ま
　　　た国賠訴訟に勝訴しても強制執行に制限を加える国がある（ドイツ民訴法
　　　882a条，……）ということも，国家賠償は高度に政策的なものであることを
　　　示唆しているといえよう。"

II　評釈の争点整理

1　はじめに

[606]　上に引用された評釈はどのように**整理されるか**。本件評釈をより正確
に理解するにはまず，評釈中の言葉に沿って理解することが大切である。けだ
し，評釈者の論理構成として客観的に把握し得るのはその言葉のみだからであ
る。しかし，言葉による説明は概して論者の思考を忠実に反映していない場合
もある。そこで次に，評釈者がどのような**思考順序**[9]を辿り結論へ到達したか
を理解するべく再整理する。こうすることで，読者は評釈の論理構成をどのよ
うに**把握し整理**することができるかを概観することができよう。

　本章でも大切なのは，各判断に際して評釈者が用いた**判断基準は何か**，その

---

9)　本章でも帰納的順序が採られる。本書凡例（2）参照。

第2部　損害賠償請求事件

判断基準を採用するにあたり用いた**形成基準は何か**，その判断基準を適用するにあたり用いた**適用基準は何か**，これら3点に着目し，可能な限り細かく分解することである。そうすることで，より多くの争点を行間に補充することが可能となり，評釈の正確な理解に限りなく近づくことができよう。

2　段落ごとの整理

[607]　上記引用部分は3つの段落から構成されている。第一段落で中心的争点（「渉外的国賠事件は公法的法律関係であるから法例の射程外にあるという本判決の論拠の……当否」）が設定され，それに対する解答が第二段落で与えられる[10]。更に第三段落では「実質的」な考察が試みられる。そこで以下では，まず第二段落における結論の根拠を確認した上で第三段落へ移り，「実質的」な考察の内容を取り上げる。

[608]　まず第二段落についてである。「渉外的国賠事件は公法的法律関係であるから法例の射程外にあるという本判決の論拠の……当否」につき肯定説を採る根拠は，渉外的国賠事件を「公法的法律関係と理解する立場」(A)と渉外的国家賠償を「私法的法律関係であ……ると考える」立場(B)の2つを前提として，Aを優先するからである。Aが優先されるのは，「国賠事件の法的本質論はまだすっきりした形では解決して」いないこと，「国内事件では議論を中止しても実際上は差し支えなかった」こと，および「渉外事件でこの問題にあらためて陽があたってしまった」こと，これら3点が「正確な理解」の内容として認められるからである。こうした認識はどのように**形成される**か。それは，「国内国賠事件については私法説をとる一方で，渉外的国賠事件については『公権力の行使に起因する国家賠償の領域がそもそも法例の適用に馴染むといえるかどうか』について現時点では躊躇を覚えるとする見解」（以下宇賀説と

---

10)　第二段落で解答が与えられていると解されるのは，本判決と同じく「渉外的国家賠償を公法的法律関係と理解する」住田説に「的を射たもの」という肯定的評価が与えられているからである。

[609]　また，上記「正確な理解」の形成にあたり宇賀説とは別の見方も考慮されている。それが逆接の接続詞「しかし」より前で述べられている「国際私法の議論はやや硬直的な印象を与える」という見方である。このような見方が生じるのは，渉外的国賠事件に関する「国際私法の議論」と「国内の国家賠償事件について」の議論とを「比べ」たからである。「比べる」ためには比較対象物の内容確認が欠かせない。各々どのように行われているか。

　「国際私法の議論」については3つの学説が挙げられている。1つは「渉外的国家賠償を公法的法律関係と理解する」住田説[11]である。残る2つは渉外的国家賠償を「私法的法律関係」とした上で，準拠抵触法を「法例11条による」奥田説[12]，「公務員所属国法による」山田説[13]，これらである。この三説の関係は，住田説が「代表」であり，奥田説および山田説はその「反対説」と位置付けられる。

　次に，「国内の国家賠償事件について」の議論には2つの見解が挙げられている。1つは「国内の国家賠償事件」を「私法的法律関係と考える」古崎説および判例（以下古崎説とだけ表記）であり，他の1つは「この議論はあまり実益がないとする」阿部説である。**いずれが「有力」**か。これには前者が選ばれる。

[610]　こうして形成された既述の三説からなる「**正しい理解**」によるとなぜ**A**が優先されるのか。つまり，「正しい理解」の適用過程はどのように説明さ

---

11)　住田裕子「国際私法と国家賠償法との関係」判時1539号（1995年）25頁以下が挙げられている。

12)　奥田安弘「国家賠償責任の準拠法に関する覚書——戦後補償のケースを中心として——」北法49巻（1998年）898頁以下が掲げられている。尤も，同一見解に，山内惟介・平成10年度重判解289頁も挙げられているが，評釈者によっても疑問視されているように，かかる評釈者の見解は論者の意思とは異なるため，奥田説と同じ類型に含めることは控えた。

13)　山田鐐一著『国際私法』（有斐閣，1992年）163頁が挙げられている。

れるか。明示されていないこの点をA説たる住田説をもって説明すると，「国家賠償は立法政策如何によるものであり，渉外事件ではわが国の国益に重大な影響をもつゆえ国家賠償は公法的色彩を強める」ことが理由となるかもしれない。

[611]　こうした説明によってもなお，住田説の「理由付けが大雑把」に感じられるため，第三段落では評釈者自身の実質的な検討も展開される。つまり，国賠事件を「『公法』ということは可能」なのは，「わが国の統治構造の根幹にかかわる」からである。これは，「わが国やわが国の公共団体……の財政が外国法によって左右されうること」，本件の場合「引当財産が『公的資金』である点」，これらにも言い換えられる。そのうち，「財政が外国法によって左右されうる」のは，「わが国やわが国の公共団体は本来外国国家に対して向けられた法律によって支出を命じられ」ることによる。また，「外国国家に対して向けられた法律」が適用されるのは，外国の「国賠法もあわせてわが国裁判所で適用して差し支えない」とされるからである。

　外国の国賠法が適用される根拠は何か。それは，「準拠法が外国法」だからである。準拠法について問うのは「国賠事件を私法的法律関係と考えて法例を適用」するためである。その根拠は，「国賠訴訟の手続きは民事訴訟であ」る点，実体判断に「民法の適用を受ける」点，「強制執行も可能」である点，これらにある。

　また，上述の判断基準に加えて，渉外的国賠事件を「公法」と言い得る根拠には「国家賠償は高度に政策的なものであること」も挙げられている。

3　帰納的再整理
[612]　評釈者が本判決にいかなる基準でどのような評価を与えたかは以上にみた通りである。ただ，字数に制限のある判例評釈では省略を余儀なくされている判断基準もあり，読者は論理の飛躍を感じざるを得ないだろう。そこで，上にみた中心的争点に着目し，論理の流れに沿って個々の争点と判断基準を結

第6章　判例評釈について

論から遡って補充すると，以下の争点列挙が1つの指標となろう（かっこ内の表記は評釈者の評価である）。

- (01) 渉外的国賠事件は公法的法律関係であるから法例の射程外にあるという本判決の論拠の当否（適当である）
- (02) 基準「公法的法律関係のとき法例の射程外」の適用過程の当否（適当である）
- (03) 国賠事件の法的本質論に関する国際私法の議論の正確な理解の効果は何か（渉外的国賠事件は公法的法律関係ということを私法的法律関係ということに優先すること）
- (04) 国賠事件の法的本質論に関する国際私法の議論の正確な理解とは何か（国賠事件の法的本質論はすっきりした形で解決していないこと，国内事件では議論を中止しても実際上は差し支えなかったこと，渉外事件で国賠事件の法的本質論にあらためて陽があたったこと，これらである）
- (05) 宇賀説を採用する効果は何か（国賠事件の法的本質論に関する国際私法の議論の正確な理解の形成）
- (06) 差異発見の効果は何か（国賠事件の法的本質論に関する国際私法の議論の正確な理解の形成）
- (07) 国際私法の議論と国内の議論との間にどのような差異が発見されるか（国際私法の議論の印象は国内のそれよりもやや硬直的である点）
- (08) 国際私法の議論と国内の議論との間に差異の有無をどのように決めるか（議論の有無と解決の程度による）
- (09) 国際私法の議論と国内の議論とを比べる効果は何か（差異の発見）
- (10) 国際私法の議論と国内の議論とは比較対象物として適切か（適切である）
- (11) 国際私法の議論において渉外的国家賠償を公法的法律関係と理解する立場と私法的法律関係と理解する立場とはそれぞれどのように位置付けられるか（前者は「代表」，後者は前者の「反対説」と位置付けられる）
- (12) 国際私法の議論に，渉外的国家賠償を公法的法律関係と理解する住田説，渉外的国家賠償は私法的法律関係であり法例11条による奥田説，渉外的国家賠償は私法的法律関係であり公務員所属国法による山田説，これら3つは含まれるか（含まれる）
- (13) 国内の国家賠償事件についての議論ではどの立場が「有力」か（国賠事件を私法的法律関係と考える立場）
- (14) 国内の国家賠償事件についての議論に，私法的法律関係と考える古崎説，議論にあまり実益がないとする阿部説，これら2つは含まれるか（含まれる）
- (15) 議論の解決状況はどのように判断されるか（見解の内容とその位置付けによる）
- (16) 比較対象物の内容確認をどのように行うか（議論の解決状況による）
- (17) 比較対象物の適否をどのように判断するか（比較対象物の内容確認による）
- (18) 比べるためには何が必要か（比較対象物としての適性）
- (19) 国賠事件の法的本質論に関する国際私法の議論の正確な理解をどのように決める

第 2 部　損害賠償請求事件

　　　　か（宇賀説，国際私法の議論と国内の議論とを比べること，これらによる）
- (20) 国賠事件の法的本質論に関する国際私法の議論の正確な理解をどのように決めるかを何により判断するか（比較の第三項となり得るか否か）
- (21) 渉外的国賠事件は公法的法律関係であることと，渉外的国賠事件は私法的法律関係であることの優劣はどのように決めるか（国賠事件の法的本質論に関する国際私法の議論に対する正確な理解による）
- (22) 基準「公法的法律関係のとき法例の射程外」の適用過程の当否はどのように決めるか（渉外的国賠事件は公法的法律関係であることと私法的法律関係であることとの優劣の判断による）
- (23) 渉外的国賠事件は公法的法律関係であることと，渉外的国賠事件は私法的法律関係であることのどちらも成り立つといえるか（いえる）
- (24) 渉外的国賠事件は公法的法律関係ということは可能か（可能である）
- (25) わが国の国益に重大な影響をもつか（もつ）
- (26) わが国の統治構造の根幹にかかわるか（かかわる）
- (27) 国や地方公共団体の財政が外国法によって左右され得るか（左右され得る）
- (28) 引当財産は何か（「公的資金」）
- (29) 国や地方公共団体は本来外国家に対して向けられた法律によって支出を命じられるか（命じられる）
- (30) 外国の国賠法にある損害賠償請求権の有無を定める実質法規の内容は何か（国や地方公共団体に対して損害賠償請求額相当の支出を命じること）
- (31) 外国の国賠法にある損害賠償請求権の有無を定める実質法規はどのような効果を発生させるか（法規の内容如何による）
- (32) 外国の国賠法にある損害賠償請求権の有無を定める実質法規の効果が発生しているか（発生している）
- (33) 外国の国賠法にある損害賠償請求権の有無を定める規定を適用するか（適用する）
- (34) 外国の国賠法もわが国の裁判所で適用するか（適用する）
- (35) 当該外国の国賠法をわが国の裁判所で適用できるか（できる）
- (36) 法例 11 条 1 項により指定された当該外国実質法にはその国の国賠法が含まれるか（含まれる）
- (37) 当該外国に国賠法の有無（ある）
- (38) 法例 11 条 1 項の連結点はどの実質法を指定するか（外国実質法）
- (39) 法例 11 条 1 項の連結点は何を指定するか（準拠実質法）
- (40) 不法行為地はどこか（外国）
- (41) 法例 11 条 1 項に定める「其ノ原因タル事実ノ発生シタル地」に不法行為地は含まれるか（含まれる）
- (42) 法例 11 条 1 項の連結点の解釈はどのように行われるか（当事者の主張から認められる事実が考慮される）
- (43) 法例 11 条 1 項の連結点は何か（「其ノ原因タル事実ノ発生シタル地ノ法律」）
- (44) 本件訴訟物は何条の単位法律関係に包摂されるか（法例 11 条 1 項）[14]

(45) 本件の訴訟物は何か（不法行為に基づく損害賠償請求）
(46) 単位法律関係概念の解釈基準は何か（訴訟物の構成が考慮される）
(47) 法例のどの規定を適用すべきか（単位法律関係概念の解釈による）
(48) 法例を適用するか（適用する）
(49) 法廷地抵触法は何か（法例）
(50) 法例地抵触法の有無（ある）
(51) 準拠法決定過程は手続か（手続である）
(52) 法廷地はどこか（日本）
(53) 本件準拠抵触法の決定基準に「法廷が手続を支配する（forum regit processum）」という従属抵触規定を採用するか（する）[15]
(54) 「法廷が手続を支配する（forum regit processum）」という従属抵触規定の有無（ある）
(55) 渉外的私法関係のとき抵触法的規律を適用するか（適用する）
(56) わが国の統治構造の根幹にかかわるか否か，財政が外国法によって左右され得るか否か，引当財産が「公的資金」か否かはどのように判断されるか（渉外的国賠事件が私法的法律関係であると仮定し，その結果導かれる効果如何による）
(57) 国家賠償はわが国の国益に重大な影響をもつか否かをどのように決めるか（わが国の統治構造の根幹にかかわるか否か，財政が外国法によって左右され得るか否か，引当財産が「公的資金」か否か，これらによる）
(58) 国家賠償は立法政策如何によるものか（よるものである）
(59) 国家賠償は高度に政策的なものであるか（ある）
(60) 国賠訴訟に勝訴しても強制執行に制限を加える国の有無（ある）
(61) 国賠訴訟に勝訴しても強制執行に制限を加える国の有無を何により決めるか（その国の強制執行を定める実質法規による）
(62) 国家賠償は立法政策如何によるものか否かをどのように決めるか（国賠訴訟に勝訴しても強制執行に制限を加える国の有無による）
(63) 外国法の適用を許容できないか否かはどのように決めるか（わが国の国益に重大な影響をもつか否か，立法政策如何によるものか否か，これらによる）
(64) 渉外的国賠事件は公法的法律関係ということは可能か否かをどのように決めるか（外国法の適用を許容できない範囲による）
(65) 渉外的国賠事件は私法的法律関係であると考えて差し支えないか（差し支えない）
(66) 国賠訴訟の訴訟手続は民事訴訟か（民事訴訟である）
(67) 最判昭和46年11月30日，および東京地判平成10年10月9日の訴訟手続は何に

---

14) 外国法の適用を根拠付ける独立抵触規定として法例11条1項が想定されていると解されるのは，本章の適用外とされている「国賠法が法例を介して適用される場合と直接適用の場合の」どちらが適当かに関する説明で，法例を適用する場合，「法例11条から出発しなければならない」とされているからである。評釈によると同条2項，3項により日本の「国賠法が全面的に累積適用され」，外国法が適用されることはない。したがって，外国法の適用の根拠には同条1項が適用されていると思われる。前注4) 参照。

15) 法例を強行法規とみて適用する，という説明方法もあり得るだろう。

第2部　損害賠償請求事件

　　　よったか（民事訴訟）
(68)　当該当事者と訴訟物はどの判例と同じか（最判昭和46年11月30日，東京地判平成10年10月9日）[16]
(69)　判例を決定する当事者と訴訟物は何か（原告私人の，被告わが国に対する，不法行為に基づく損害賠償請求）
(70)　判例のうちどれによるかをどのように決めるか（当事者と訴訟物の構成が考慮される）
(71)　何により決めることが可能か（判例）
(72)　国賠訴訟の訴訟手続の性質を決めるのは判例，制定法，学説のいずれか（決定可能性による）
(73)　国賠法4条の効果は何か（国の損害賠償責任については「民法の規定による」こと）
(74)　国賠法4条の効果は発生しているか（している）
(75)　国賠法のうちどの規定によるか（4条）
(76)　当該当事者と訴訟物はどの制定法に包摂されるか（国賠法）
(77)　法律を決定する当事者と訴訟物は何か（原告私人の，被告わが国に対する，不法行為に基づく損害賠償請求）
(78)　制定法のうちどの法律によるかをどのように決めるか（当事者と訴訟物の構成が考慮される）
(79)　何により決めることが可能か（制定法）
(80)　国賠訴訟の実体判断の適用法規の決定は判例，制定法，学説のいずれか（決定可能性による）
(81)　国または地方公共団体に対する強制執行の可否（できる）
(82)　多数説は何か（国または地方公共団体に対し強制執行は可能である）
(83)　学説のうちどのような学説によるか（多数説）
(84)　学説のうちどの学説によるかをどのように決めるか（信頼性による）
(85)　何により決めることが可能か（学説）
(86)　国または地方公共団体に対する強制執行の可否を決めるのは判例，制定法，学説のいずれか（決定可能性による）
(87)　法廷地法上の概念の理論と実務の両面をどのように決めるか（判例，制定法，学説，これらによる）
(88)　法廷地法上の概念のうち何によるかをどのように決めるか（理論と実務の双方に

---

[16]　基準として判例が選択されると解されるのは，「実務」の解釈如何による。というのは，評釈中明示されている基準，すなわち国賠法4条と多数説を「理論」と解すれば，ここでは「実務的」基準が用意されているはずだからである。評釈が判決を前提に行われることを重視すれば，ここでの「実務」を裁判実務と解することもできよう。「国際私法上の論点」として用いることのできる裁判例は，評釈より知られるものに東京地判平成10年10月9日および最高裁判決昭和46年11月30日がある。これら2つの裁判例がここでも例示的に念頭に置かれているものと推測される。

第6章 判例評釈について

よる[17]
(89) 外国法の適用許容性をどのように決めるか（法廷地法上の概念による）
(90) 渉外的国賠事件は私法的法律関係であると考えて差し支えないか否かをどのように決めるか（外国法の適用を許容できる範囲による）
(91) 基準「公法的法律関係のとき法例の射程外」の形成過程の当否（適当である）
(92) 基準「公法的法律関係のとき法例の射程外」の形成過程の当否が実質的に争点になっているか（いない）
(93) 評釈者の自由な意思の内容は何か（基準「公法的法律関係のとき法例の射程外」の形成過程の当否が実質的に争点になっていないとき肯定される）
(94) 基準「公法的法律関係のとき法例の射程外」の形成過程の当否はどのように決めるか（評釈者の自由な意思による）
(95) 自己の立場との両立を是認できる理由は何か（基準「公法的法律関係のとき法例の射程外」の適用および形成両過程の当否による）
(96) 自己の立場との両立を是認できる理由はあるか（ある）
(97) 評釈者の自由な意思の内容は何か（自己の立場との両立を是認できるか否か）
(98) 渉外的国賠事件は公法的法律関係であるから法例の射程外にあるという本判決の論拠の当否はどのように決めるか（評釈者の自由な意思による）
(99) 民主主義を尊重するか否か（尊重する）

[613] 以上の争点の関連性を整理すると次のようになる。

結論部分については，(95)〜(99)の形成過程を経た判断基準を適用し，(02)かつ(91)なので(01)となる。

判断基準の適用過程の当否（争点(02)）については，(24)かつ(65)から(23)であることを前提に，(19)〜(22)の基準の形成過程を辿る。(05)および(06)から(04)，そして(03)なので(02)である。なお，(06)には(07)〜(18)の適用基準の連鎖を辿る。

渉外的国倍事件を公法的法律関係という（争点(24)）には，(64)と(63)により形成された基準が(25)および(58)のように適用されることから証明される。(25)は，(57)と(56)により形成された基準が(55)〜(29)を辿り(26)(27)(28)と言えるからである。また，(62)を前提として(61)，そ

---

[17] 評釈中で，「理論的にも実務的にも」というように，付け加えて列挙する助詞「も」が使われていることから双方が共に基準として列挙されていることが知られる。

第2部 損害賠償請求事件

して(60)の結果(59),つまり(58)である。

渉外的国倍事件を私法的法律関係という(争点(65))には,(87)〜(90)の形成過程を経た判断基準を適用し,(66)(73)(81)これらすべてが認められるので(65)となる。なお,(66)は(67)〜(72)の連鎖を,(73)は(74)〜(80)の連鎖を,(81)は(82)〜(86)の連鎖をそれぞれ辿る。

最後に,判断基準の形成過程の当否(争点(91))については,(94)を前提とすると(93)なので(92)となり(91)が導かれる。

Ⅲ　評釈の分析と検討

1　はじめに

[614]　評釈の論理構成は以上のように確認された。本件評釈を本書で取り上げること自体,その論理に飛躍や矛盾が感じられたからであることを考えれば,そうした点が明らかにされなければならない。この点は評価基準をどのように形成・適用するかにより変わる。以下では著者の価値判断に依拠し,まず評釈の問題設定方法を取り上げる。その上で,公法的法律関係のとき法例の射程外という判断基準の適用過程と形成過程に着目する。適用と形成の両面から基準の適否を検討するのは,評釈者により「渉外的国賠事件は公法的法律関係であるから法例の射程外にあるという本判決の論拠の当否」が肯定されるには,上の2点につきそれぞれの正当性が認められているはずだからである[18]。そのうち,評釈中で言及された前者を先に取り上げる。

2　問題設定方法について

[615]　評釈の**検討対象に上でみた本判決の論拠の当否を設定するのはなぜ**

---

18)　[611]争点(91)〜(94)でみるように,基準の適用過程と形成過程のうち評釈で説明されるのは前者のみであることから,もしかすると評釈者は基準の適用過程への正当性をもって判断基準の正当性を認めているのかもしれない。このような考え方もあり得るが,論理的には基準の形成過程への評価が先行する。評釈者が判断基準の正当性をどのように判断するか明確にしていない以上,筆者の理解も十分成り立つものと思われる。

か。この点は，評釈者が結論に先立ち本判決の見解を「国賠法は公法的であるから直接適用される」点に限るからかもしれない。そうは言っても，**なぜこの点に限るのか。**というのは，第5章Ⅲにみたように本判決の検討対象には他の点も考えられるからである。評釈者の本判決に対する理解（[603]）をみても，本判決を導く論拠が複数挙げられている。そのうち上記の点を特に取り上げるには，複数の検討対象より上記の点が優先される選択基準が存在するのではないだろうか。この種の選択基準が論者の問題意識に全面的に依拠することを考えれば，上記の点を優先的に検討対象とすることで本判決を評価し得たことに違和感を覚える読者もいよう。検討対象選択基準について全く言及しない本件評釈は，明らかに説明不十分といわざるを得ないのではないか。

3 判断基準の適用過程について

[616] 公法的法律関係のとき法例の射程外という基準の適用基準として考慮されているのは，公法的法律関係の決定基準，私法的法律関係の決定基準，国賠訴訟の法的本質論に関する国際私法の議論の状況，これら3点であった。以下，順に取り上げる（なお，かっこ内の数字は[612]の争点番号である）。

(1) 公法的法律関係の決定基準について

[617] 初めに，どのような状態が「**公法的法律関係**」に当てはまるのかについてである。評釈では同語反復的基準が複数挙げられているが，特に留意されるのは「引当財産が『公的資金』である点」(28)，「国家賠償は立法政策如何によるもの」である点 (58)，これらである。各々の根拠の確認とその適否が検討されよう。

[618] まず前者についてである。**なぜ「引当財産が『公的資金』である」ことをもって公法的法律関係を判断するのか**（形成基準の確認）。この点を問うのは，「公的資金」という表現自体，渉外的国賠事件が公法的法律関係であるという結論を先取りしているように思われるからである。国際法上「国家および

第2部　損害賠償請求事件

国家の公有財産は，外国においてその国の裁判権から免除される」[19]。それは特に国家の公法的行為に適用される[20]。「公的資金」という表現を用いることで外国の裁判権が免除される公法的行為を読者に想起させているように見受けられるためである。この点を強調するのは，連結点の表現を想起すれば，法例の適用がそのまま外国法の適用許容性を意味し得るからである。こうした結論先取り型表現は，「引当財産が『公的資金』である」という基準と表現を変えて用いられる基準の「統治構造」や「財政」といった言葉にもそのまま当てはまる。「統治構造」からは統治権，「財政」からは財政主権といった国家主権の概念が想起されよう。これらを根拠に渉外的国倍事件が公法的法律関係であると主張しても，それは単なる同語反復に過ぎない。**客観的な判断基準は何か**がなお争点として残されるからである。

[619]　このように「公的資金」という表現の使い方に疑問が残る以上，「公的資金」という言葉で表される具体的事象の内容を確認する必要がある（適用基準の確認）が，その説明がみられない。「公的資金」という抽象的な言葉は例えば政府が市場から株式を買い上げるための資金にも使われる[21]。その際売買契約の相手方には外国法上設立された外国企業も含まれよう。それにも拘らず本件の損害賠償資金が「公的資金」を構成し，渉外的国倍事件の公法的側面を根拠付けるには，そう解釈される優先性が示されなければならないだろう。

更に，上の基準と表現を異にする「わが国の統治構造の根幹にかかわる」こと (26)，「財政が外国法によって左右されうること」(27)，これらについても公法的法律関係と決定し得るような判断過程が明らかにされなければならない。そのためには，「統治構造」とは何か，そのうち「根幹にかかわる」と言えるのはどのような場合か，「財政」とは国や地方公共団体の財政のうち何を指すのか，「外国法」として認められる法律は何か[22]，「財政が左右されうる」

---

19) 松井芳郎他著『国際法［第3版］有斐閣Sシリーズ』（有斐閣，1999）97頁。
20) 松井他・前注19) 98頁。
21) 例えば，2001年3月16日付日本経済新聞朝刊5頁参照。
22) 「外国法」について評釈は，「本来外国国家に対して向けられた法律」，つまり

状態とはどのような支出の割合，期間，方法によるものか[23]，といった争点に対する言及が不可欠であると思われるが，評釈では何ら触れられていない。

[620]　それでは，公法的法律関係とみる他の基準，すなわち**「国家賠償は立法政策如何によるもの」**である点についてはどのように検討されるか。これについてもその形成過程，すなわち**立法が政策的であることによって公法的法律関係と決定することの適否**からみていくのが有用であろう。この点を強調するのは，わが国の三権分立体制を前提とすれば，およそ政策的ではない立法など存在しないからである[24]。それにも拘らず，立法の政策性に基準性を認めるならば，その客観的根拠が必要になると思われるが，この点も評釈では省略されている。

[621]　それでは，上記基準の**適用過程についてはどうか**。この点につき評釈では，「国賠訴訟に勝訴しても強制執行に制限を加える国がある」こと（60）が挙げられているが，**なぜ「強制執行に制限を加える国」の存在をもって立法の政策性を判断し得るのかは不明である**。この点を強調するのは，そうした国の例に挙げられているドイツ民訴法882a条[25]に定める制限の内容が，上記基

「その国の国賠法」と述べる。それならば，「外国法」とは「その国の国賠法」に限定されるのか。この点を問うのは，国家を法人とみなして外国の民法を準拠法に指定すると解せば，評釈者の主張の前提にある「本来外国国家に対して向けられた法律」という点に矛盾するからである。これを回避するためにも，ここでの「外国法」が「その国の国賠法」と同義であることを証明しなければならないだろう。しかるに，この点に関しても説明は見受けられない。

23)　今日国家は一定の条件の下で外国の裁判権に服することが認められていることに鑑みれば，「財政が外国法によって左右されうる」ことをもって法例不適用という主張には論理の飛躍があるように思われる。本文で基準の適用過程を解明する必要があるのはこのためである。

24)　例えば，浅野一郎編『「立法の過程」立法技術入門講座〈第1巻〉』（ぎょうせい，1988年）96頁では，「立法はそもそも政策の形成である。……立法は政策を内容とするものであるから，政策のない立法は考えられない」と述べられている。

25)　ドイツ民訴法882a条では，1項で，債権者が強制執行申立の意図を債務者たる官庁と大蔵大臣に通知した時点から執行開始までに4週間置かなければならない旨が，また2項で，債務者たる公法人の公務の執行に不可欠の事物等に対する強制執行が不適法である旨がそれぞれ規定されている。

準に言う「制限」の内容になり得るか疑問を呈する余地があると思われるからである。つまり，ドイツ民訴法 882a 条 1 項に定める強制執行開始待機期間，および同条 2 項に定める執行の目的物に対する制限が**本判決における金銭債権の執行にもそのまま妥当すると考えることの是非**について評価が分かれると思われるからである。しかるに，評釈ではこれを肯定する根拠の説明が欠けている。

(2) 私法的法律関係の決定基準について

[622] 評釈は渉外的国賠事件を公法的法律関係であると主張する一方で，渉外的国賠事件を私法的法律関係とも考えられると述べる。それは，訴訟手続が民事訴訟であること (66)，実体判断に民法が適用されること (73)，強制執行が可能であること (81)，これら 3 点による。この判断基準について特に注目されるのは，その形成過程である。それは，上記 3 点が法廷地法上の概念であるため，**私法的法律関係の決定基準に法廷地法上の概念を用いることの是非**が問われるからである。評釈がこれを肯定するのは，法例もわが国の国内法であることに着目して，国内法解釈上の整合性保持を尊重するからかもしれない[26]。

しかし，このような説明によってもなお十分な根拠が示されたとは言えない。準拠法決定という抵触法の機能と構造を考えれば，指定の対象となる実質法が抵触法の後順位にあるため，「国内実質法上の評価が抵触法適用の有無を左右することはあり得ない」[27]と考えられているからである。このような理解を前提とすれば，抵触法上の評価は抵触法に固有の概念に基づいて行われる必要が

---

26) 他にも，準拠法決定過程を手続的問題と説明し，手続における判断基準の解釈も手続きであると言うことにより，その解釈基準が法廷地に求められることが説明されるだろう。この点が根拠となり得るのは，「法廷が手続を支配する」という法諺を重視するからである。こうした法諺を重視するか否かは論者の政策的判断による。

27) 山内惟介「旧日本軍人の国外での行為による国家賠償請求と法例 11 条」『平成 10 年度重要判例解説』ジュリ 1157 号（1999 年）289 頁。他にも，跡部定次郎博士により，「國際私法ト國内私法トハ之レヲ同列ニ於テ比較ス可キモノニ非サルハ……如シ」と述べられている（折茂豊著『国際私法講話』（有斐閣，1978 年）10 頁参照）。

あろう。したがって，評釈が私法的法律関係の決定基準に法廷地法上の概念を用いるにはなお補充的説明が必要である。

(3) 国賠訴訟の法的本質論に関する国際私法の議論の状況について
[623]　これまでの説明で明らかになったように，評釈では渉外的国賠訴訟の法的本質の決定基準に一方では「わが国の国益に重大な影響をもつ」点を，他方では法廷地法上の概念を用い，そのうち，前者を優先させている。**なぜ前者が後者に優先するのか**。この点を問うのは，優劣の判断に用いられるはずの比較の第三項が明示されていないように見受けられるからである。評釈ではその表現から，優劣の判断に際して国賠事件の法的本質論に関する国際私法の議論の「正確な理解」(04) を考慮しているように見受けられる。上記理解の形成には，国際私法における学説の位置付け (11)，国際私法の議論と国内の国家賠償事件についての議論とを「比べる」こと (07) ～ (19)，「渉外的国賠事件については『公権力の行使に起因する国家賠償の領域がそもそも法例の適用に馴染むといえるかどうか』については現時点では躊躇を覚えるとする」宇賀説 (19)，これらが寄与している。これら3点が**比較の第三項となり得るか否か**，検討の余地があろう。

[624]　第一に，国際私法の議論における学説の位置付けについてである。評釈は，国際私法の議論として住田説，奥田説および山田説の3説を挙げ，そのうち住田説を「代表」と位置付ける。その際用いられた**位置付けの判断基準は何か**。この点を問うのは，提唱者の数から判断すれば必ずしも住田説が代表と位置付けられないと思われるからである[28]。こうした理解を前提とすれば，

---

28) 国賠事件の法的本質を国内事件と渉外事件に分け，更に渉外事件に関する言及を行っている研究者は限られている。著者がアクセスし得た資料から確認されたのは，評釈中に掲げられている4人の論者および宇賀説の他，下山瑛二著『国家補償法』（筑摩書房，1973年）35頁，鈴木康之「相互保証」村重慶一編『裁判実務体系第18巻』（青林書院，1987年）77頁，澤木敬郎「国家賠償と相互の保証」池原季雄編『渉外判例百選〔増補版〕』（有斐閣，1976年）204頁，江川英文著『国際私法（全書・改訂版）』（有斐閣，1966年）17頁，池原季雄他著『国際私法（総論）・国

— 115 —

評釈者によるこの位置付けは，渉外的国賠事件が公法的法律関係であるという結論を先取りした言葉のトリックではないかと疑われよう。住田説に対して特別な優先性を肯定する客観的根拠が提示されなければならないであろう。

[625]　第二に，国賠事件の法的本質に関する国際私法の議論と国内のそれとを「比べる」ことについてである。「比べる」という言葉で表される具体的行為の内容は不明だが，評釈が両者を「比べ」た結果，前者が後者より「やや硬直的」という差異を見出していることから，両者の差異発見を目的とした行為と解せよう。その場合，両者を「比べる」には比較対象物の特定と異同の確認が行われる[29]。以下では対象物特定基準と異同確認基準の両面からその適否を検討しよう。

まず，**なぜ「比べる」対象に国際私法の議論と国内のそれとが選択されたのか**，という比較対象物の特定基準についてである。この点を問うのは，前述のように「国内実質法上の評価が抵触法適用の有無を左右することはあり得ない」からである。それにも拘らず，**両者を比べる意義は何か**。この点を強調するのは，両者を比較するのは評釈者に都合の良い差異を引き出し得るためであるという理解もあり得るからである。こうした理解を前提とすると，両者を「比べ」

籍法』（有斐閣，1973年）11頁，これらである（後者2点については，各々にみられる「国際行政法」や「行政法的な規律」に渉外的国賠訴訟が該当されると解する場合である）。このうち住田説と同じように渉外的国賠訴訟を公法的法律関係であると明確に主張しているものはない。国際私法の議論に判例をも含めると解すれば，東京地裁平成10年10月9日判決が住田説に当たるかもしれない。その場合でも，判例の存在をもって住田説を「代表」ということの是非については争点となり得る余地があろう。

29)　この他，優劣の判断を目的として比べれば優劣の判定行為も行われる。こうした比較概念については，山内惟介「比較法学における『比較』の概念について―その思考過程解明の試み―」日本比較法研究所編『Toward Comparative Law in the 21st Century』（中央大学出版部，1998年）1553頁以下，そのうち優劣の判定については，同「比較法学における優劣の判断基準について―ヨーロッパ裁判所における『コダン社事件』を素材として―」比較法雑誌34巻3号（2001年）1頁以下，また異同の確認については，同「比較法学における異同の確認基準について―近年の裁判例等を素材として―」法学新報107巻9・10号（2001年）1頁以下，これらを参照。

た結果「国際私法の議論はやや硬直的な印象を与える」ことを主張するには，比較対象物に両者を選択する客観的根拠が示される必要があろう。

また，異同の確認基準についても「やや硬直的」という**差異を確認する判断基準は何か**が不明確である。この点は，両者の比較により認識しようとされている国際私法の議論の「正確な理解」に，「国賠事件の法的本質論はまだすっきりした形では解決して」いないことが示されていることから，渉外的国賠事件に関する議論の有無とその程度が基準となっているように思われる。そうは言っても，**議論の有無の判断基準は何か，その程度の判断基準は何か**について不明なままでは，国際私法の議論が国内のそれより「やや硬直的」と言える理由が十分に説明されているとは言えないのではないか。

[626] 第三に，上記「正確な理解」の形成にあたって宇賀説が考慮されている点についてである。この点を強調するのは，宇賀説が国際私法の議論として挙げられている3つの学説（住田説，奥田説，山田説）に優先されて**国際私法における議論を「正確」に説明することの是非**について争点となり得るからである。けだし，優劣の判断に際しては，「論者のいずれの主張とも一体化することなく，双方の主張と等距離にあるという意味で客観化された『比較の第三項』が優劣判断基準」[30]として適用されなければならないと思われるからである。宇賀説は上記3説と同じように国賠事件は法例の適用範囲か否かにつき回答しているに過ぎず，上記3説の論理的前提となっているとも思われないし，また異なる次元にあるとも思われない。もしかすると評釈者は住田説と共通点のある主張の数を増やすことで優劣の判断を有利にしようとしたのかもしれない。しかしながら，それは当然，比較の第三項にはなり得ないだろう。このように考えれば，宇賀説が他の学説に優先される根拠の提示が必要であると思われる。

---

30) 山内・前注29) 比較法雑誌34巻3号32-33頁。

4 判断基準の形成過程について

[**627**] 公法的法律関係のとき法例の射程外という判断基準の形成過程についてである。この点に関する言及が評釈で一切みられないのは，この内容の基準が存在することが自明のことだという評釈者の認識があるためであろう。この**ような評釈者の認識は絶対か**。この点を問うのは，たとえ評釈者の認識の根拠を，「国際私法とは，渉外的私法関係に対し内外私法の適用範囲を定める法則である」[31]と定義されること，わが国の国際私法が「von Savigny の提唱に係る『法律関係本拠説（Sitztheorie）』の構成である」[32]こと，「公法の抵触問題と私法のそれとはその性質が大いに違うものである」[33]こと，言い換えれば，公法の属地性の原則，これらに求めるとしても，その認識は単なる同語反復に過ぎないという理解もあり得るからである。この点は，評釈者が法律関係を公法と言うときには国益への影響と立法政策を，法律関係を私法と言うときには法廷地法上の概念を，それぞれ法的本質の決定基準に挙げていることからも明らかである。つまり実際には，法的本質の決定基準とは論者にとって都合のよい結論を引き出すような前提を論者が一方的に作ったものに過ぎない。それにも拘らず，公法的法律関係のとき法例の射程外という判断基準を用いるならば，公法的法律関係に依拠する根拠が示されなければならないであろう。

このような筆者の理解を前提とすれば，本件評釈についても，「法例の適用排除という結果を正当化するためにこそ公法的色彩が強いという点に言及し……ているという説明も可能」[34]であろう。「順序を入れ替えても文脈上矛盾なく意味が通る可能性が認められるとすれば，……結局は同語反復に過ぎない」[35]という指摘は，本件評釈にもそのまま当てはまるように思われる。

---

31) 山田・前注13) 2頁。
32) 山内『国際私法』6頁。
33) 江川・前注28) 17頁。
34) 山内・前注27) 290頁。
35) 山内・前注27) 290頁。

Ⅳ 要約と課題

[628]　本章では評釈者が本判決に賛成する根拠のうち，渉外的国賠事件は公法的法律関係であるから法例の射程外にあるという論拠の当否に関する説明が分析・検討された。評釈者は渉外的国賠事件が公法的法律関係であるという説明を，私法的法律関係であるという説明に優先させることにより上記当否の争点に肯定説を採る。その優劣の判断過程では，必ずしも判断基準が明示されているとは言えないため，判断基準の補充という視点から，分析と検討が行われた。

こうした整理から明らかになるのは，**論拠の政策性をどこまで許容できるか**という問題である。どの論者にも思想の自由は保障されるものの，本件のような第二次大戦中の行為に基づく国賠訴訟への対処の仕方に地域間で違いが生じていること[36]を思えば，それにより生じる司法の空洞化を阻止する役割の一端を判例評釈が負うとも考えられよう。**どの程度役割を負うかに応じて根拠の客観性が求められる**と思われる。この点は個々の評釈者の政策的価値観に即して検討されよう。

---

36)　周知のように，米国では，カリフォルニア州やロードアイランド州で第二次大戦中の強制労働に対する損害賠償の請求期限や適用範囲を広げた州法が制定された。また，米国国内法には18世紀の「外国人違法行為申立法」もある。これに伴い，サンフランシスコ連邦地裁やワシントン特別行政区の連邦地裁等に，中国，台湾，韓国，米国，フィリピン等に住む元捕虜や元従軍慰安婦がわが国や日本企業に対して損害賠償を求める提訴が多発している。

第2部　損害賠償請求事件

［第2部の演習問題］

(1)　Xが主張する請求の趣旨は何ですか？
(2)　(1)の請求の趣旨のうち，国際私法に関する請求の法律構成はどのようなものですか？
(3)　中華民国民法上不法行為に当たるか否かの前提争点は何ですか？
(4)　国家無答責の原理とはどのようなことをいいますか？
(5)　国家無答責の原理の概念は抵触法上のものですか，それとも実質法上のものですか？
(6)　国賠法附則6項を適用するとどのような効果が生じますか？
(7)　本件において法例11条1項に定める「不法行為ニ因リテ生スル債権」とは何ですか？
(8)　あなたが本判決の評釈者ならば，膨大な判旨からどの点を検討対象に選択しますか？
(9)　あなたが控訴審の裁判長の地位にあり，本件控訴を認容するにはどのような法律構成を考えますか？
(10)　国際私法と国内法，国際私法と実質法，国際私法と国際法，これらの関係をどのように説明しますか？
(11)　Yがわが国でなく，日本企業の場合，Xの請求の趣旨はどのようになりますか？
(12)　本件評釈者が本判決に賛成する理由とした3つの根拠は何ですか？
(13)　(12)に挙げた根拠のうち，第6章で取り上げた根拠を導くために何と何の間で優劣が判断され，どちらが優先されていましたか？
(14)　(13)の優劣の客観的判断基準があるとすれば，それはどのような基準ですか？
(15)　あなたが本件評釈者と同じ結論を導く場合，(14)に賛成しますか？
(16)　(15)に否定説を採るとき，本件評釈者と同じ結論を採るための法律構成はどうなりますか？
(17)　第6章脚注3）および4）を読むと，本書で分析されなかった2つの根拠は各々どのような判断基準の連鎖になっていますか？
(18)　(17)でみた判断基準の連鎖をどのように評価しますか？
(19)　あなたがXの弁護士であれば本件評釈に対してどのような批判をしますか？
(20)　あなたは第6章Ⅲをどのように評価しますか？

第3部

和解金請求事件

　経済や法律の分野の専門雑誌や各種新聞記事等をみると，わが国の企業と中国の企業との間でも数多くの取引が行われていることが容易に知られる。中国の企業と日本の企業との間で生じた本件紛争から，読者は実際に行われている取引の種類や現実に発生する法律問題とその解決策の実例を知り，国内事件における法律構成との対比やその他の諸国における解決策等との対比を考える際のヒントを得ることができよう。

第 3 部　和解金請求事件

[事案の概要][1]

(1) 1993 年 9 月〜11 月に日本法人 Y_1（水産物輸入加工業者）は中国法人 X（貝類養殖加工業者）から貝類を購入した。その際，当該物品の品質をめぐり紛争が生じたが合意に至らず，Y_1 は約定代金 1 億 1400 万円中，約 5800 万円を支払わなかった。そのため，X は中国大連市中級人民法院に民事調解（以下，調解と表記）を申し立てた。

(2) X の主張：XY_1 間での本件調解の有効な成立と同時に，中国民法通則上の契約（和解）も有効に成立した。Y_1 による約 4600 万円の分割支払や Y_1 の保証人たる日本人 Y_2（Y_1 の代表取締役）の X への担保提供もこの調解に含まれる。その後，Y_2 は裁判所の手続外で Y_1 の X に対する債務を保証した。Y_1 が調解で定められた金額の一部しか支払わなかったため，X は，Y_1 には本件調解に基づく和解金の残金 3257 万 7097 円とこれに対する法定利率での遅延損害金の支払を，Y_2 には Y_2 所有船舶の競売で得た金額を上記債務に充当し，本件調解の成立と同じ日に作成された XY_2 間の保証承諾書に基づき上と同額の保証金の支払を求め，日本の裁判所に訴えた。

(3) Y_1 らの主張：本件調解は無効であり，たとい調解が有効でも本件調解により行われた私法上の和解契約は無効である。本件調解は Y_1 らの自由意思によらず強制されたもので，中国民事訴訟法 88 条前段に違反する。また，本件調解は中国民法通則 58 条 1 項 3 号（脅迫の手段を用いてなされた行為は無効）および民事訴訟法 88 条後段（調解で合意した内容は法律の規定に違反してはならない）にも抵触する。本件調解により行われた私法上の和解契約も中国民法通則 58 条 1 項 3 号に反し無効である。本件調解手続は Y_2 の日本への帰国を妨害した状況下でなされたので，本件保証承諾書に基づく保証契約も

---

1) 福岡高裁第 1 民事部平成 10 年 5 月 29 日判決（平 8（ネ）765 号事件）判時 1690 号 80 頁以下，判タ 1024 号 272 頁以下参照。なお，原審の福岡地裁柳川支部平成 8 年 7 月 18 日判決（平 7（ワ）11 号事件）は公刊されていない。

無効である。上記調解（民事調解書の調解条項）での合意内容は，Xの主張と異なり，Y_2が調解で定められた金銭を支払えないときに当該船舶を1800万円で処分し支払に充当するもので，本件船舶の担保提供以上にY_2に債務保証の意思はなかった（長期間帰国できない状況を回避すべく真実の意に反してY_2が解決金の支払と船舶での代物弁済に応じた）。

(4) Xは，本件調解手続が中国外国人出入国管理法23条に基づき適法に行われた旨を主張し，その根拠として，Y_2が中国人弁護士を通じて調解内容を確認後に調解協議書に署名していた点からみて調解条項と異なる真意がY_2にあったとはいえず，Y_2自身が本件調解によるY_1の債務につき保証した事実を第一審の審理過程で認めていることにも言及した。

(5) 福岡地裁柳川支部は本件請求を認容した。このため，Y_1およびY_2は原判決の取消およびXの請求をすべて棄却することを求め，控訴した。

(6) Y_2は，原審での自白（上記(4)）が事実に反してなされたことを理由に控訴審でこれを撤回した。XはY_2による自白の撤回に異議を述べた。

[参考法令][2]

中国民法通則（1986年4月12日第6期全国人民代表大会第4回会議採択，同日公布，1987年1月1日施行）

54条　民事法律行為は，公民または法人が，民事権利および民事義務を設定，変更または終了する合法的な行為である。

56条　民事法律行為は，書面の形式，口頭の形式またはその他の形式をとることができる。法律に特定の形式規定がある場合は，法律の規定によらなければならない。

57条　民事法律行為は，成立のときから法的効力を有する。行為者は，法律の定めによらず，または相手方の承諾を得なければ，みだりにこれを変更または解除することはできない。

58条　次に掲げる民事行為は，無効とする。……

2）　下記の法文は，法務大臣官房司法法制調査部職員監修／中国綜合研究所・編集委員会編集『現行中華人民共和国六法』（ぎょうせい，1988年）［加除資料］による。中国法の解釈については，張青華『中国渉外関係法』（商事法務研究会，1997年），北尻得五郎・佐々木静子監修／塩田親文編／王家福・江偉・韓延龍著『現代中国渉外取引法論』（法律文化社，1990年）他の邦語文献参照。

第3部　和解金請求事件

　　(3)　一方が，詐欺，脅迫または相手方の弱みにつけこみ，真意に反して行わせたもの
85条　契約は，当事者間に民事関係を設定し，変更し，終了する合意である。
　　法に基づいて成立した契約は，法律の保護を受ける。
89条　債務の履行は，法律の規定により，または当事者の約定に基づいて，次に掲げる方式で担保することができる。
　　(1)　保証人が，債権者に対して，債務者の債務履行を保証し，債務者が，その債務を履行しなかった場合は，約定に従って，保証人が，履行責任または連帯責任を負うものとする。保証人は，債務を履行した後，債務者に対して，求償する権利を有する。
　　(2)　債務者または第三者は一定の財産を抵当物として提供することができる。債務者が債務を履行しなかった場合は，債権者は，法律の規定に基づいて，抵当物を換金または抵当物を売却した代金で優先的に弁済を受けることができる。

「民法通則」の執行の貫徹に係る若干の問題に関する意見（1988年1月26日最高人民法院裁判委員会討論採択）
108条　保証人は，債権者に対して債務者の債務の履行を保証する場合は，債権者と書面による保証契約を締結し，主たる債務に対する保証人の保証範囲および保証期間を確定しなければならない。……
112条　債務者または第三者は，債権者に対し抵当物件を提供する際に，書面による契約を締結し，または原債権文書に明記しなければならない。……

中国民事訴訟法（1991年4月9日第7期全国人民代表大会第4回会議採択，同日中華人民共和国主席令第44号公布，同日施行）
85条　人民法院が民事事件を審理する場合には，当事者の自由意思の原則に基づき，事実を明らかにし，是非を明らかにした上で，調停を行う。
88条　調停による合意は，双方の自由意思によるものでなければならず，また，強制してはならず，調停合意の内容は，法律の規定に違反してはならない。
89条　調停により合意に達したときは，人民法院は，調停書を作成しなければならない。調停書には，訴訟上の請求，事件に係る事実および調停結果を明記しなければならない。
　　調停書は，裁判官および書記官が署名し，人民法院の印章を押印し，当事者双方に送達しなければならない。
　　調停書は，当事者双方が受取署名をした後に，直ちに法的効力を有する。

中国担保法（1995年6月30日第8期全国人民代表大会常務委員会第14回会議採択，同年10月1日施行）
6条　この法律において，保証とは，保証人と債権者とが約定し，債務者が債務を履行しない場合は，保証人が約定に従い債務を履行し，または責任を引き受ける行為を

いう。
13条　保証人と債権者は書面により保証契約を締結しなければならない。

中国人民調停委員会暫定組織通則（1954年2月25日政務院第206回政務会議採択，同年3月22日公布，同日施行）
6条　調停活動に当たり，遵守しなければならない原則は，次の通りである。
　　(1)　人民政府の政策および法令に従い，調停を行わなければならない。
　　(2)　当事者双方の同意を得なければならず，調停を強制してはならない。
7条　調停委員会が遵守しなければならない規律は，次の通りである。
　　(1)　……
　　(2)　……
　　(3)　当事者に対するいかなる圧力および報復行為も禁止する。

第7章

控訴審判決について

I 判決の結論と法律構成

1 判決の結論
[701]　判旨は，以下のように述べて，Y_1らの控訴を棄却した。
　"Xの請求を認容した原判決は相当であって，本件控訴はいずれも理由がない。"

2 判決の法律構成
[702]　判旨が控訴を棄却したのは，原判決に対するY_1らの主張をすべて排斥したからである。判旨の法律構成は，Y_1ら主張の争点関連性を前提とする。Y_1らの主張と判旨とは各争点に対する評価の点で異なる。したがって，判旨の法律構成を考える場合，Y_1らがどのような法律構成を採ったかの確認が必要となろう。
　控訴理由は3点から成る。①まず本件調解自体の無効が主張された。調解が無効ならば，Xの請求は根拠を欠くからである。②Y_1らは，予備的に，本件調解が仮に有効でも調解でなされた契約（和解）は無効だと述べた。調解でなされた契約が無効ならば，これと不可分一体の本件保証承諾書による保証契約も無効となり，Xの主張は認められないからである。③更に，Y_2も本件保証

第3部　和解金請求事件

承諾書による保証の合意はないと主張した。保証の合意がなければ，Y_1に対する請求が認められても，Y_2は免責されるからである。Xの請求原因を根底から否定しようとしたY_1らのこの段階的主張には，十分な理由がある。

[703]　判旨は中国でなされた本件調解の効力の有効性をまず確認した。次に本件調解でなされた契約（和解）の効力も有効であると述べた。これらにより，Y_1の責任が肯定された。判旨はY_2の本件保証承諾書による保証の合意も有効だとする。これにより，Y_2の責任も肯定された。以上から，本件Y_1らの請求には理由がないという結論が導かれる。判旨は①本件調解の効力，②本件調解においてなされた契約の効力，③本件Y_2の本件保証承諾書による保証の合意の3点につきなぜそうした**評価を下したか**の理由を詳論する。**判旨の論述内容の適否**を検討するには，判旨の内容を個別的に検討する必要がある。そのためには，あらかじめ各項目の論述内容が確認されなければならない。

[704]　まず，**①本件調解の効力の有無**に関する判旨は以下の通りである。
(1)　"本件調解の手続は，中国において，同国民事訴訟法に基づいて行われた……Y_1らとXとの間で準拠法の定めはなされていないので，法例7条2項，8条2項前段により，右調解，これによる合意の効力，方式は，中国の法律によることになるところ，中国民事訴訟法85条は，「人民法院の民事事件の審理は，当事者の自由意思の原則に基づいて，事実を明白にした基礎の上で，是非をはっきりと区別し，調解を行う。」と，同法89条1項前段は，「調解の合意の達成は，人民法院が調解書を制作するべきである。」と，同条3項は，「調解書は双方当事者が署名受領後，直ちに法的効力を具える。」と，それぞれ定めている……。これらの規定からすると，右調解が成立すると，これによって当事者間に私法上の権利義務が発生するものと解される。また，右にいう「調解の合意の達成」は，弁論の全趣旨により認められる，中国民法通則54条に定める民事法律行為であって，同法85条に定める契約に該当するとも解されるから，これによっても，当事者間に私法上の権利義務が発生するものというべきである。
(2)　Y_1らは，本件調解の手続は，中国民事訴訟法88条前段の規定に反し，無効であると主張し……Y_2も，原審及び当審において，本件調解の手続で，裁判官から，そろそろ日本に帰らなければならないだろうから，この辺で話を決めろと言われて，帰れさえすればどうでもいいという気持ちになって調解

— 128 —

第 7 章　控訴審判決について

　　　　に応じた，当時，日本で Y_1 倒産するとの噂が流れていたため，一刻も早く
　　　　帰国したかったなどと，右 Y_1 らの主張に副う供述をしている。
　　(3)　……本件調解の成立に至る事実経過は，前記認定事実のとおりであって，確
　　　　かに Y_2 は，日本への帰国を制限されていたが，それは，中国における法律
　　　　の規定に従ったものであって，そのこと自体には違法性はないことに加えて，
　　　　同 Y_2 は中国国内での行動の自由を制約されていた訳ではなく，許弁護士と
　　　　の打合せや，日本とのファックス等によるやり取りを通じて，資料を入手し
　　　　た上で，裁判所の調解手続に臨んでいることからすれば，本件調解の合意の
　　　　達成が，Y_2 の自由意思によらずしてなされたとは到底認めることができない。
　　　　そうすると，Y_2 の右供述は信用できない。
　　(4)　……Y_1 らは，本件調解における合意は，中国民法通則 58 条 1 項 3 号の趣旨
　　　　に違反し，中国民事訴訟法 88 条後段の規定に抵触して無効であると主張す
　　　　る。……
　　(5)　……Y_2 に対する出国の制限は，中国の法律に基づいて適法に行われたもの
　　　　であって，それのみで「危難」に該当する，あるいは，出国を制限すること
　　　　自体が同 Y_2 に対する脅迫に当たるということはできないし，前記認定の事
　　　　実経過に照らせば，本件調解における合意が，同 Y_2 の真実の意思に反して
　　　　いたということもできない……。"

[705]　次に②**本件調解においてなされた契約の効力の有無**に関する判旨であ
る。
　　(1)　"Y_1 らは，
　　①　右契約にかかる Y_1 の意思表示は，前記中国民法通則 58 条 1 項 3 号の規定に
　　　　反しており，
　　②　……Y_1 所有の船舶の売却について，Y_2 は，当該船舶を 1800 万円で売却す
　　　　ると認識していたのに，本件調解では，競売するとなっており，その間に錯誤
　　　　がある。
　　③　X の，商慣行・商道徳に反する行為により，右契約はされたものである
　　　　ので，右契約は無効であると主張している。……
　　(2)　……本件調解に，中国民法通則 58 条 1 項 3 号に該当する事由のないことは
　　　　前示のとおりで……本件調解にかかる調解書（……）には，Y_1 は，本件調解に
　　　　定めた期日までに，本件調解に定めた金銭を支払わないときは，Y_1 は，その所
　　　　有する冷蔵船 1 隻を関係機関を通じて売却し，未払代金の支払いをする旨の条
　　　　項があり，その文意は，右船舶を競売するというにあると理解されるところ，
　　　　Y_2 は，右調解書の条項の趣旨について，許弁護士から説明を受けた事実が明ら
　　　　かであるから，Y_1 に錯誤があったとも認めがたく……X に商慣行又は商道徳
　　　　に反する行為があることについて……Y_2 の右に副う趣旨の供述は，十分な裏
　　　　付けを欠くから，採用できなく，他に右主張事実を認めるに足る証拠はない。"

第3部　和解金請求事件

[706]　更に③**本件保証承諾書による保証の合意の有無**に関する判旨をもみよう。

(1)　"Y₂は，本件調解と同日付けで作成された本件保証承諾書は，Y₂に本件調解において合意したY₁の債務の保証債務を負わせるものではなく，これを認めた原審におけるY₂の自白は撤回すると主張する。……

(2)　……本件保証承諾書……の約定の趣旨は，Y₂に，本件調解において定められた債務の履行（支払）の責任を負わせたものと理解することが十分可能である上，X代表者が，原審において，本件保証承諾書の趣旨は，本件調解において定められた債務の履行の担保となる不動産等が，Y₂の個人所有であったことから，同Y₂に右債務を個人保証してもらう趣旨のものである旨の証言をしていること等からすると，Y₂が，原審において，Xの主張する，本件保証承諾書による保証契約の成立を自白したことは，事実に反するともいえず，Y₂が錯誤により自白をしたものとも認めることができない。……Y₂が当審でなした自白の撤回は認められず，Y₂がXに対し，本件保証承諾書によって，本件調解で定められた債務を保証したことは，当事者間に争いがない……。右保証契約は，中国においてなされたものであ……り，右契約について，Y₂とX間に準拠法の定めをしていないので，右保証契約の成立及び効力については，法例7条2項により，中国法によることになるところ，弁論の全趣旨により認められる中国民法通則56条，57条，89条1号によれば，右保証契約は有効に成立し，その内容どおりの効力を有するものというべきである。"

II　判決の争点整理

1　はじめに

[707]　上では本判決の結論と法律構成が確認された。**判旨が取り上げた争点は何か**，また**判旨は各争点をどのように関連付けていたか**を知るには上の①～③の各項目につき立ち入った検討を加える必要がある（[708]～[718]）。それに続けて，訴訟物ごとの判断過程が争点リストの形式で示される（[719]～[723]）。読者はこのリストにより判旨の法律構成を演繹的にも帰納的にも考えることができよう。その際，有用なのが，争点ごとに判断基準とその形成基準および適用基準を対置させる方式である。法律構成が理由付けの体系である以上，読者は常に客観的な判断基準（比較の第三項）の存在を考えなければならない。**判旨が判断基準の形成基準をどのように捉えていたかが分かれば，判断基準の形**

成過程が判明する。**判旨が各判断基準をどのように適用していたかを跡付けれ**ば，各判断基準の適用過程が明らかになる。これらの確認は判旨の分析と検討（後述Ⅲ）における評価基準を前もって用意することにもなろう。

2 個別的争点ごとの整理
(1) 本件調解の効力について

[708] まずこの主題に関する判断基準の形成過程をみよう。判旨（[704]）は複数の法源に言及する（日本の法例7条2項と8条2項，中国の民事訴訟法85条，88条，89条1項前段および同条3項，民法通則54条，58条1項3号および85条）。判旨では調解の合意の手続法的効力と実体法的効力が区別され，前者では中国民事訴訟法の諸規定が，後者では中国民法通則の関連規定が判断基準とされている。また合意の方式に関する判断基準は中国の民事訴訟法に求められている。**これら中国の規定が判断基準とされるのはなぜか**。その根拠を示すのが法例の諸規定である。前者につき中国の民事訴訟法および民法通則を判断基準に指定するのが法例7条2項であり，後者につき中国の民事訴訟法を判断基準に指定するのが法例8条2項であろうか。法例の諸規定は，中国の諸規定からみると，判断基準の形成基準といえよう。

[709] 判旨(1)（[704]）は3つの争点に言及する。第一に，**調解の合意の実体法的効力如何**を検討する出発点は法例7条1項である。しかし，Y_1らとＸとの間に準拠法の合意がなく，同項では準拠法を決められない。代用法源となる同条2項では「行為地法」が基準とされている。本件調解手続は中国で同国民事訴訟法に基づいて行われたので，行為地法は中国法となり，中国法中，民法通則が適用される。第二に，**調解の合意の手続法的効力如何**を検討する出発点も法例7条1項である。ここでも準拠法の合意を欠くため代用法源たる同条2項により「行為地法」としての中国法，特に民事訴訟法が適用される。第三に，**調解の合意の方式（形式的効力）如何**を検討する出発点は法例8条である。同条2項では行為地法による方式も有効となる。それゆえ，行為地法の資格で中

第3部　和解金請求事件

国法が準拠法となり，中国の民事訴訟法が適用される。規律対象と規律方法との組合せに着目して各判断基準の形成基準を整理するとこのようになろう。

[710]　判断基準の適用過程では各規定の法律要件と法律効果の内容が確認されなければならない。各法規の文言が解釈の対象となるからである（関係法文の内容は前掲 123 頁以下参照）。ここでも，規定ごとに判旨の解釈を対置しておこう。

第一に，**調解の合意の実体法的効力如何**につき判旨は有効とする（このことは，判旨(1)が「『調解の合意の達成』は……54 条に定める民事法律行為であって……85 条に定める契約に該当するとも解される」と述べていることから分かる）。第二に，**調解の合意の手続法的効力如何**に関しても判旨は有効とみる（この点は判旨(3)で民事訴訟法 88 条前段に反し無効だとする Y_1 らの主張が退けられていることから分かる）。民事訴訟法 85 条の解釈上，**本件調解における Y_2 の意思決定は自由意思によるものか否か**が争点となったが，判旨(3)は本件調解の合意の達成が「Y_2 の自由意思によらずしてなされたとは到底認めることができない」と述べ，判旨(5)は「本件調解における合意が，同 Y_2 の意思に反していたということもできない」とする。判旨はこうした判断に先立ち，① Y_2 に加えられた日本への帰国制限は中国の法律に基づいて適法に行われた，② Y_2 は中国国内での行動の自由を制約されていなかった，③ Y_2 が弁護士との打合せや日本とのファックスによるやり取りを通じて資料を入手した上で裁判所の調解手続に臨んでいた，これら 3 点を認定した。第一の認定に基づき，判旨(5)は，Y_2 に対する出国制限は民法通則 58 条 1 項 3 号の解釈上「危難」にも「脅迫」にも該当しないとする。第三に，**調解の合意の方式如何**について判旨は明言していない。しかし，判旨(1)で判断基準が示されているところから，方式違反がないために明言していないだけだとみることもできる。

[711]　調解の効力に関する判旨では，判断基準の形成過程が明らかにされた後，Y_1 らの主張を示しつつ，上記各判断基準の適用結果が示されていた。Y_1

らの主張をすべて否定した判旨は中国の民事訴訟法および民法通則を適用し，本件調解が訴訟行為としても私法行為としても有効に成立したと認定するようである。

(2) 本件調解においてなされた契約の効力について

[712] この主題に関する判断基準として判旨が挙げるのは，中国民法通則58条1項3号のみである（[705] 判旨(1)）。それでは，**なぜ民法通則58条1項3号が適用されたか**。判旨は，本件調解でなされた契約の効力の準拠法決定問題が調解の効力の有無に関する準拠法決定過程（[708] および [709]）に含まれていると考えたのかもしれない。それは，調解でなされた契約も調解自体も法例7条1項の法律要件（単位法律関係「法律行為ノ成立及ヒ効力」）に包摂されると考えられたためであろうか。

[713] それでは，上の**判断基準はどのように適用されたか**。判旨(2)は，同号の法律要件の解釈上，本件では該当事実がなく同号の法律効果が発生しないと考え，本件契約の効力を肯定した。判旨が要件該当性を否定したのは，Y_1に錯誤があったと認めがたいと認定し，Xに商慣行または商道徳に反する行為があるとする Y_2 の供述も採用できないと考えたからである。錯誤に関する認定根拠は，①本件調解書における関係条項の内容に関する判断，②当該条項の文意の理解の仕方に関する判断，③ Y_2 が弁護士から一定の趣旨の説明を受けたという認定，これらである。後者の判断根拠は，Y_2 の供述には裏付けがないという認定である。

[714] ここでの主題に関する判旨は前述のように判断基準の形成過程に触れずに判断基準を適用した。判断基準の適用過程では法律要件の解釈結果が端的に示され，その根拠が列挙されている。判旨の構成では，次の4点が並列関係の根拠となっているようである。①本件調解に中国民法通則58条1項3号該当性がない，② Y_1 には錯誤がない，③ Y_2 の供述を採用できない，④ Y_1 らの

主張を維持し得るその他の事実がない，これらである。4者が並列関係にあると推測するのは並列関係を意味する記号や文言が使われているからである。根拠②の前提には Y_2 が弁護士から一定の説明を受けたという判断がある。この判断の前提には当該条項の文意に対する評価がある。このことは，後述の事柄のきっかけになる事柄を示すのに使う「ところ」という接続助詞的用法の存在から知られよう。これらの前提から根拠②が成立する。これらの前提に論理上先行するものとして，関係条項の存在という事実が確認されている。

(3) 本件保証承諾書による保証の合意について

[715] 保証承諾書による保証の合意に関する判断基準の形成過程は以下のように整理されよう。判旨(2)([706])は中国の民法通則56条，57条および89条1号を判断基準とする。これらを根拠とする理由については，「中国法によることになるところ，弁論の全趣旨により」と述べられるのみである。中国法によるのは法例7条2項によるからである。同項の解釈上，本件保証契約が中国で締結されたという理由から，中国が行為地とされ，行為地法たる中国法が準拠法とされている。法例7条1項でなく2項によるのは，当事者間に準拠法の合意がないと判断されたからである。準拠法に言及するのは，本件が渉外性を有するからである（判旨は「右保証契約は，中国においてなされたものである」と述べる）。

[716] **これら判断基準の適用過程はどうか**。判旨は本件保証の存在を肯定した（このことは，本件「保証契約は有効に成立し，その内容どおりの効力を有するものというべきである」と判断されたことから判明する）。**どのように解釈すれば中国民法通則56条，57条，89条1号からこの結論が得られるか**。判旨(2)は Y_2 が本件「債務を保証したことは，当事者間に争いがない」という。それは，Y_2 の控訴審での自白の撤回が否定されたからである。自白の撤回が否定されたのは，自白の存在が事実に反するといえないと評価されたからである。その前提には，本件保証契約の成立を認める旨の自白の存在を肯定する判断がある。こ

の判断の前提には，本件保証承諾書における約定の趣旨をX主張のように「理解することが十分可能である」との認定，Y_2の原審での証言の存在，これらがある（この2点に限定されないことは「等」という表現から判明する）。

[717]　保証承諾書による保証の合意の有無に関する判旨でも，判断基準の形成基準たる法例7条2項を根拠に中国法の基準性が肯定され，民法通則の諸規定を判断基準とすることが説明される。判断基準の適用では，本件約定の趣旨をX主張のように理解できるという判断，Y_2の原審での証言等から，本件保証承諾書による保証契約の成立をY_2が自白したと認定されている。

(4)　ま　と　め
[718]　判旨における判断基準の形成過程と適用過程は以上の通りである。判旨の争点は必ずしも基準の特定，基準の解釈基準の開示，基準の適用結果の明示という順に配列されておらず（[704]～[706]），論理の流れに対応していない面もある。以下では，読者の理解の便宜を考慮し，訴訟物ごとに請求の認否という結論部分から根拠を順次探求する帰納的手法（結果選択的アプローチ）に基づき判旨の構成を再整理しよう。

3　訴訟物ごとの整理
(1)　和解金残額支払請求
[719]　本件和解金残額支払請求の認否の判断は適用法規たる実質法に即して行われなければならない。判旨は認否の判断に際し，調解の実体に関する実質的成立要件，調解の手続に関する実質的成立要件，調解の形式的成立要件（方式），これら3点を区別する。ここでも個別的検討が有用であろう。

[720]　そのうち，調解の実体に関する実質的成立要件に関する争点として取り上げられたのは，下記の諸点である（なお，かっこ内の表記は判旨の評価である）。

第3部　和解金請求事件

- (01) Xの和解金残額支払請求を認めるべきか否か（認めるべきである）
- (02) Y_1はXに残額債務を支払わなければならないか（ならない）
- (03) Y_1には調解契約に基づく債務があるか（ある）
- (04) Y_1はXに本件債務を全額弁済しているか（いない）
- (05) 本件調解の内容はどのようなものか（Y_1はXに和解金支払義務がある）
- (06) 本件調解が成立するとXY_1間にどのような効果が生じるか（調解の内容如何による）
- (07) 本件調解は有効に成立しているか（いる）
- (08) 本件調解における合意は有効か（有効である）
- (09) 本件調解の合意の達成は民法通則および民事訴訟法の関連諸規定の法律要件に該当するか（する）
- (10) 他にY_1の主張事実を認めるに足る証拠はあるか（ない）
- (11) Y_1らに錯誤があったか（ない）
- (12) Xに商慣行または商道徳に反する行為があるか（ない）
- (13) Y_1らの意思表示は自由意思で行われたものか（行われた）
- (14) Y_2は許弁護士との打ち合わせや日本とのファックス等によるやり取りを通じて資料入手の上で裁判所の調解手続に臨んでいたか（いた）
- (15) Y_2は中国国内での行動を制限されていたか（制限されていた）
- (16) Y_2に対する帰国制限は中国の法律に従った適法なものか（適法である）
- (17) Y_2は日本への帰国を制限されていたか否か（制限されていた）
- (18) Y_1らが許弁護士から受けた調解書記載条項の説明は適切か（適切である）
- (19) 民法通則および民事訴訟法の各規定の法律要件は何か（民法通則54条「民事法律行為」；85条「契約」，民事訴訟法85条「当事者の自由意思」；88条「双方の自由意思」）
- (20) 調解の実体に関する成立要件を定めている実質法規はどれか（民法通則54条，85条，民事訴訟法85条，88条）
- (21) 中国法のうち，どの規定によるかを決める方法は何か（弁論の全趣旨による）
- (22) 中国法のうち，どの規定によるか（調解の実体に関する成立要件を定める法規による）
- (23) 本件調解の実体（合意の効力）に関する実質的成立要件の準拠法はどれか（中国法）
- (24) 行為地法はどこの法か（中国法）
- (25) 行為地はどこか（中国）
- (26) 本件調解はどこで行われたか（中国）
- (27) 行為地をどのようにして決めるか（調解の手続が行われた場所を基準とする）
- (28) 法例7条2項により準拠法を決めるために何が必要か（行為地の特定）
- (29) 法例7条1項で準拠法を決定し得ないときの代用法源は何か（法例7条2項）
- (30) 本件当事者間に準拠法についての合意があるか（ない）
- (31) 法例7条1項により準拠法を決めるために何が必要か（準拠法に関する当事者の

第 7 章　控訴審判決について

　　　　合意の存在）
　(32)　法例のどの規定が適用されるか（法例 7 条 1 項である）
　(33)　法廷地の抵触法はどれか（法例である）
　(34)　法廷地の抵触法はあるか（ある）
　(35)　本件関係国間に統一抵触法があるか（日中間に統一抵触法はない）
　(36)　本件関係国間に統一実質法があるか（日中間に統一実質法はない）
　(37)　通常の方法とは何か（まず関係国間での統一実質法，次に統一抵触法，その後に
　　　　法廷地の抵触法による）
　(38)　法源を発見するにはどうすべきか（通常の方法による）
　(39)　本件和解金残額支払請求を認めるか否かの判断基準をどのようにして決めるか
　　　　（法源を探求する）

　上記の（39）～（20）は判断基準の形成過程における争点の連鎖であり，（19）～(01)が各判断基準の適用過程における争点である。

[721]　次に，調解の手続に関する実質的成立要件に関する争点についてである。
　(40)　X の和解金残額支払請求を認めるべきか否か（認めるべきである）
　(41)　Y_1 は X に残額債務を支払わなければならないか（ならない）
　(42)　Y_1 には調解契約に基づく債務があるか（ある）
　(43)　Y_1 は X に本件債務を全額弁済しているか（いない）
　(44)　本件調解の内容はどのようなものか（Y_1 は X に和解金支払義務がある）
　(45)　本件調解が成立すると XY_1 間にどのような効果が生じるか（調解の内容如何による）
　(46)　本件調解は有効に成立しているか（いる）
　(47)　本件調解における合意は有効か（有効である）
　(48)　本件調解の合意の達成は民法通則および民事訴訟法の関連諸規定の法律要件に該当するか（する）
　(49)　本件で調解書は作成されていたか（作成されていた）
　(50)　他に Y_1 の主張事実を認めるに足る証拠はあるか（ない）
　(51)　Y_1 らに錯誤があったか（ない）
　(52)　X に商慣行または商道徳に反する行為があるか（ない）
　(53)　Y_1 らの意思表示は自由意思で行われたものか（行われた）
　(54)　Y_2 は許弁護士との打ち合わせや日本とのファックス等によるやり取りを通じて資料入手の上で裁判所の調解手続に臨んでいたか（いた）
　(55)　Y_2 は中国国内での行動を制限されていたか（制限されていた）
　(56)　Y_2 に対する帰国制限は中国の法律に従った適法なものか（適法である）
　(57)　Y_2 は日本への帰国を制限されていたか否か（制限されていた）

第 3 部　和解金請求事件

(58) Y_1 らが許弁護士から受けた調解書記載条項の説明は適切か（適切である）
(59) 民法通則および民事訴訟法の各規定の法律要件は何か（民法通則 56 条「民事法律行為は，書面の形式，口頭の形式またはその他の形式をとることができる」，民事訴訟法 85 条「当事者の自由意思」；88 条「双方の自由意思」；89 条 1 項「人民法院は調停書を作成しなければならない」）
(60) 調解の手続に関する実質的成立要件を定めている実質法規はどれか（民法通則 56 条，民事訴訟法 85 条，88 条，89 条 1 項）
(61) 中国法のうち，どの規定によるかを決める方法は何か（弁論の全趣旨による）
(62) 中国法のうち，どの規定によるか（調解の手続に関する成立要件を定める法規による）
(63) 本件調解の手続に関する実質的成立要件の準拠法はどれか（中国法）
(64) 行為地法はどこの法か（中国法）
(65) 行為地はどこか（中国）
(66) 本件調解はどこで行われたか（中国）
(67) 行為地をどのようにして決めるか（調解の手続が行われた場所を基準とする）
(68) 法例 7 条 2 項により準拠法を決めるために何が必要か（行為地の特定）
(69) 法例 7 条 1 項で準拠法を決定し得ないときの代用法源は何か（法例 7 条 2 項）
(70) 本件当事者間に準拠法についての合意があるか（ない）
(71) 法例 7 条 1 項により準拠法を決めるために何が必要か（準拠法に関する当事者の合意の存在）
(72) 法例のどの規定が適用されるか（法例 7 条 1 項である）
(73) 法廷地の抵触法はどれか（法例である）
(74) 法廷地の抵触法はあるか（ある）
(75) 本件関係国間に統一抵触法があるか（日中間に統一抵触法はない）
(76) 本件関係国間に統一実質法があるか（日中間に統一実質法はない）
(77) 通常の方法とは何か（まず関係国間での統一実質法，次に統一抵触法，その後に法廷地の抵触法による）
(78) 法源を発見するにはどうすべきか（通常の方法による）
(79) 本件和解金残額支払請求を認めるか否かの判断基準をどのようにして決めるか（法源を探求する）

上記の (79)〜(60) は判断基準の形成過程における争点の連鎖であり，(59)〜(40) が各判断基準の適用過程における争点である。

[722]　更に，調解の形式的成立要件（方式）に関する争点についてである。
(80) X の和解金残額支払請求を認めるべきか否か（認めるべきである）
(81) Y_1 は X に残額債務を支払わなければならないか（ならない）
(82) Y_1 には調解契約に基づく債務があるか（ある）

第 7 章 控訴審判決について

- (83) Y_1 は X に本件債務を全額弁済しているか（いない）
- (84) 本件調解の内容はどのようなものか（Y_1 は X に和解金支払義務がある）
- (85) 本件調解が成立すると XY_1 間にどのような効果が生じるか（調解の内容如何による）
- (86) 本件調解は方式上有効に成立しているか（いる）
- (87) 本件調解における合意は方式上有効か（有効である）
- (88) 本件調解の合意の達成は民法通則および民事訴訟法の関連諸規定の法律要件に該当するか（する）
- (89) 本件で調解書は作成されていたか（作成されていた）
- (90) 本件で関連諸規定の法律要件は満たされていたか否かを判断する決め手は何か（調解書の有無）
- (91) 民法通則および民事訴訟法の各規定の法律要件は何か（民法通則 56 条「民事法律行為は，書面の形式，口頭の形式またはその他の形式をとることができる。」，民事訴訟法 89 条 1 項「人民法院は，調停書を作成しなければならない。」）
- (92) 調解の形式的成立要件を定めている実質法規はどれか（民法通則 56 条，民事訴訟法 89 条 1 項）
- (93) 中国法のうち，どの規定によるかを決める方法は何か（弁論の全趣旨による）
- (94) 中国法のうち，どの規定によるか（調解の方式に関する成立要件を定める法規による）
- (95) 本件調解の手続に関する実質的成立要件の準拠法はどれか（中国法）
- (96) 行為地法はどこの法か（中国法）
- (97) 行為地はどこか（中国）
- (98) 本件調解はどこで行われたか（中国）
- (99) 行為地をどのようにして決めるか（調解の手続が行われた場所を基準とする）
- (100) 法例 8 条 2 項により準拠法を決めるために何が必要か（行為地の特定）
- (101) 法例のどの規定が適用されるか（法例 8 条 2 項である）
- (102) 法廷地の抵触法はどれか（法例である）
- (103) 法廷地の抵触法はあるか（ある）
- (104) 本件関係国間に統一抵触法があるか（日中間に統一抵触法はない）
- (105) 本件関係国間に統一実質法があるか（日中間に統一実質法はない）
- (106) 通常の方法とは何か（まず関係国間での統一実質法，次に統一抵触法，その後に法廷地の抵触法による）
- (107) 法源を発見するにはどうすべきか（通常の方法による）
- (108) 本件和解金残額支払請求を認めるか否かの判断基準をどのようにして決めるか（法源を探求する）

上記の (108)〜(92) は判断基準の形成過程における争点の連鎖であり，(91)〜(80) が各判断基準の適用過程における争点である。

第3部　和解金請求事件

(2)　保証債務履行請求

[**723**]　XのY$_2$に対する上記の金額と同額の金銭支払請求に関する判旨で取り上げられていたのは，下記の諸点である（なお，かっこ内の表記は判旨の評価である）。

(109) Xの和解金残額支払請求を認めるべきか否か（認めるべきである）
(110) Y$_2$はXに残額債務を支払わなければならないか（ならない）
(111) Y$_2$には保証契約に基づく債務があるか（ある）
(112) Y$_2$はXに本件債務を全額弁済しているか（いない）
(113) Y$_2$が錯誤を理由に自白を撤回することは認められるか（認められない）
(114) Y$_2$に錯誤があったか否か（錯誤はなかった）
(115) なお検討すべき争点は何か（錯誤を理由とする自白の撤回の可否）
(116) 本件保証契約の成立につきなお検討すべき争点があるか（ある）
(117) 本件保証承諾書による保証の成立をY$_2$は自白しているか（自白している）
(118) 本件保証の内容は何か（Y$_2$はXに主たる債務と同額の支払義務を負う）
(119) 本件保証が成立するとXY$_2$間にどのような効果が生じるか（保証の内容如何による）
(120) 本件保証は有効に成立しているか（いる）
(121) 本件保証の合意は有効か（有効である）
(122) 本件保証は民法通則の関連規定の法律要件に該当するか（する）
(123) Y$_1$は自己の債務を履行していたか（一部しか履行していない）
(124) Y$_2$はXに対しY$_1$の債務履行を保証していたか（保証していた）
(125) 本件保証承諾書による保証契約の内容はどのようなものか（Y$_1$の債務についてのY$_2$による保証）
(126) 民法通則の関連規定の法律要件は何か（民法通則56条「民事法律行為は，書面の形式，口頭の形式またはその他の形式をとることができる。」；57条「民事法律行為は成立のときから法的拘束力を有する，行為者は，法律の定めによらず，または相手方の承諾を得なければ，みだりにこれを変更しまたは解除することはできない。」；89条1号「保証人が，債権者に対して，債務者の債務履行を保証し，債務者が，その債務を履行しなかった場合」）
(127) 保証および保証契約について定めている実質法規はどれか（民法通則56条，57条，89条1号）
(128) 中国法のうち，どの規定によるかを決める方法は何か（弁論の全趣旨による）
(129) 中国法のうち，どの規定によるか（保証について定める法規による）
(130) 本件保証契約の成立および効力の準拠法はどれか（中国法）
(131) 行為地法はどこの法か（中国法）
(132) 行為地はどこか（中国）
(133) 本件保証行為はどこで行われたか（中国）
(134) 行為地をどのようにして決めるか（調解の手続が行われた場所を基準とする）

第 7 章　控訴審判決について

- (135) 法例 7 条 2 項により準拠法を決めるために何が必要か（行為地の特定）
- (136) 法例 7 条 1 項で準拠法を決定し得ないときの代用法源は何か（法例 7 条 2 項）
- (137) 本件当事者間に準拠法についての合意があるか（ない）
- (138) 法例 7 条 1 項により準拠法を決めるために何が必要か（準拠法に関する当事者の合意の存在）
- (139) 法例のどの規定が適用されるか（法例 7 条 1 項である）
- (140) 法廷地の抵触法はどれか（法例である）
- (141) 法廷地の抵触法はあるか（ある）
- (142) 本件関係国間に統一抵触法があるか（日中間に統一抵触法はない）
- (143) 本件関係国間に統一実質法があるか（日中間に統一実質法はない）
- (144) 通常の方法とは何か（まず関係国間での統一実質法，次に統一抵触法，その後に法廷地の抵触法による）
- (145) 法源を発見するにはどうすべきか（通常の方法による）
- (146) 本件和解金残額支払請求を認めるか否かの判断基準をどのようにして決めるか（法源を探求する）

　上記の（146）〜（127）は判断基準の形成過程における争点の連鎖であり，（126）〜（109）が各判断基準の適用過程における争点である。

III　判決の分析と検討

1　はじめに

[724]　判旨の法律構成はほぼ上にみたごとくである。どのような争点を取り上げるべきかの評価基準の取り方如何により判旨への評価も異なろう。ここでも，上記 3 つの争点ごとに，判断基準の形成過程および適用過程の両面に亘り，なお補充可能な諸点を掲げ，判旨にみられる論理の飛躍を指摘することとしたい。

2　本件調解の効力について

[725]　まず，調解の効力の有無に関する判断基準の適用過程についてはどうか。判旨によれば，当事者間に私法上の権利義務が生じる根拠は，①中国民事訴訟法 85 条，同 89 条 1 項前段および同条 3 項から，「右調解が成立すると，これによって当事者間に私法上の権利義務が発生するものと解される」，②

「右にいう『調解の合意の達成』は，弁論の全趣旨により認められる，中国民法通則 54 条に定める民事法律行為であって，同法 85 条に定める契約に該当するとも解されるから，これによっても，当事者間に私法上の権利義務が発生するものというべきである」，の 2 点である。**両者の関係はどのようなものか**。「また」という語が①と②の間に挟まれている点をみれば，選択的関係が念頭にあるのかもしれない。

[726] 根拠①の評価に先立ち，**関連諸規定の法律要件および法律効果の判旨による解釈過程の当否**が確認されなければならない（判断基準の適用基準の確認）。特定の解釈の優先性を主張するには，法規の文言に加え，各規定の表現ごとに上記の解釈が行われた先例を挙げる等，判旨の解釈を正当化し得る根拠が判旨でも明らかにされる必要があるが，判旨にこの点の説明はない。**Y_1 および Y_2 の行為が自由意思に基づくものであったか否かの認定**との関連では，人民法院と異なる主体についてではあるが，調停を強制してはならず（人民調停委員会暫定組織通則 6 条 2 号），当事者に対するいかなる圧力をも禁止する規定（同 7 条 3 号）もある。「いかなる」という語が例外を認めない表現である点に着目すれば，本件パスポートの押収を自由な意思表明への制約とみる解釈も十分に成り立つ余地があろう。根拠②についても関連諸規定の法律要件および法律効果の解釈過程がそのようなものであることが確認されなければならないが，判旨にはそうした特定の解釈の優先性を示す根拠の説明が欠けている。

[727] 次に，**上記の判断基準の形成過程はどうか。特に中国実質法上の諸規定は判断基準として適切か**。判断基準の形成基準を問題とするのは，調解の効力に関する根拠①と②（[725]）がそのまま手続法と実体法に対応しているように見受けられるからである。民事訴訟法（手続法）を挙げるのは人民法院での調解がわが国の訴訟上の和解に相当するものと考えられたためかもしれない。このように考えるのは，判旨の表現からわが国での訴訟上の和解の法的性質に関する両性説（訴訟行為と私法行為という二重の性質を有するとみる）がそこで考

慮されているように見受けられたからである。調解の手続法的効力の有無に関する判断基準を民事訴訟法とし，実体法的効力の有無の判断基準を民法通則と**する判旨はわが国の渉外私法事件処理に関する通常の理解に適うか**。これを問うのは，私法行為（実体法）の判断基準（中国法）の形成基準を法例7条に求めることに加え，訴訟行為（手続法）の判断基準（中国法）の形成基準をも明示する必要があるはずだからである。その根拠を手続に関する独立抵触規定（「手続は法廷地法による」）に求めることもできよう。判旨の構成を是認しようとすれば，調解には実体法的性質のみで手続法的性質はないとみることが必要かもしれない。しかし，調解を実体法的制度とみるならば，**判旨がなぜ調解それ自体と調解においてなされた契約とを分離するのか**という疑問も生じよう。両者がともに実体私法上の行為であるとすれば，両者を区別する必然性も失われるからである。

[**728**]　上述のように，判旨は法例7条2項により法律行為の実質的成立要件および効力の準拠法（実体法的判断基準）を中国法とする。本件調解は中国で行われていたので，中国が行為地とされたことにも十分な理由があろう。他方，判旨は法例8条2項によりその方式（形式的成立要件）の準拠法を中国法とする。けれども，ここでは法例8条1項と2項の適用関係が顧慮されるべきである。けだし，両者は選択的関係にはなく，2項は1項に対する例外ないし特則となるからである。1項でも2項でも同じ法秩序が準拠法となるならば，敢えて2つの規定を置く意味が問われよう。むしろ，法例8条2項の存在意義は2項指定の準拠法が1項指定の準拠法と異なる場合にある。すなわち，1項と2項本文という2つの独立抵触規定が指定する法秩序が異なる場合，2項指定の法秩序を1項指定の法秩序に優先させる点に，2項本文の従属抵触規定としての機能がある。それゆえ，1項でも2項でも中国法が指定されるならば，本件での方式準拠法決定基準は8条2項ではなく1項でなければならなかったことであろう。「法律行為ノ方式ハ其行為ノ効力ヲ定ムル法律ニ依ル」と規定する1項の文言から知られるように，同項の適用により，判旨は直ちに中国法に依拠で

きたはずだからである。

3　本件調解においてなされた契約の効力について

[**729**]　ここでも判断基準の適用過程からみよう。判旨は本件調解でなされた契約を有効とみた。排斥された Y_1 らの主張は，①中国民法通則58条1項3号違反の主張，② Y_1 に錯誤があるとの主張，③ Y_2 の供述の採用，④ Y_1 らの主張を認めるに足る他の証拠の存在，これらである。それでは上記**4点の排斥基準は何か**。「本件調解に，中国民法通則58条1項3号に該当する事由のないことは前示のとおりであり」という判旨の表現に留意すると，**①排斥の可否**の判断基準は同条3号であり，その解釈上，法律要件に該当する事実がないため同号の法律効果が生じないとされたのかもしれない。けれども，①の判断基準は同号それ自体ではなく，**同号をどのように解釈すべきか**というその適用基準でなければならない。それは，**同号の存否ではなく，同号に該当するか否か**が争点だからである。判旨はこの点の客観的判断基準を示さず（この点は， Y_1 らの主張を採用できないという結論部分しか示されていないことから判明する），**事実をどう認定したかに触れるのみで，なぜそのように認定したかが問われている**のに，そのように認定したという結果しか述べていない。次に，**②錯誤の有無**についても，錯誤の有無の認定基準がなければ，錯誤の有無を認定できないはずであるのに，判旨は，調解書中に当該趣旨の条項があったこととその条項の文意が当該趣旨であったことしか述べていない。なぜに**調解書中の条項の趣旨をそのように認定し，その文意をそのような意味で理解すべきか**の理由が問われているのに，判旨はそのように理解できるというのみで，そうした理解が他の理解に優先すべき根拠を何も挙げていない。更に，**③供述の採否**についても採否の判断基準が明らかにされなければならない。判旨は「十分な裏付けを欠く」と述べるが，十分な裏付けを欠くという判断に至る根拠が問われているのに，この点に触れていない。そして，**④その他の証拠の存否**についても，存否の判断基準は何も示されていない。弁論主義のもとでは証拠の提出が当事者の判断に委ねられているが，提出された証拠に対する評価は別問題といわなけれ

第 7 章 控訴審判決について

ばならない。**他に証拠があるとみるか否か**がすべて裁判所側の判断に委ねられている以上，**他に証拠があるとみるべきか否か**の判断基準は裁判所の側であらかじめ示されていなければならない。けだし，基準が前もって明示されていなければ，当事者は主張立証活動を効果的に行い得ないからである。

[730] 以上に触れた判断基準の欠如は判断基準の適用基準についても妥当する。**判断基準は何か**が明らかで，**その基準がどのように解釈される**かも示されるのでなければ，関係者は判断基準の解釈結果を予測できないからである。法的安定性（予見可能性）の確保も解釈上の1つの重要な指針であるとする立場では，適用基準への言及が同時に求められるとする主張にも意義が認められよう。特に強調したいのは以下の4点における適用基準の欠如である。①「本件調解にかかる調解書（……）には，Y_1は，本件調解に定めた期日までに，本件調解に定めた金銭を支払わないときは，Y_1は，その所有する冷蔵船1隻を関係機関を通じて売却し，未払代金の支払いをする旨の条項があ」る，②「その文意は，右船舶を競売するというにあると理解されるところ，Y_2は，右調解書の条項の趣旨について，許弁護士から説明を受けた事実が明らかであるから，Y_1に錯誤があったとも認めがた」い，③「Xに商慣行又は商道徳に反する行為があることについて……Y_2の右に副う趣旨の供述は，十分な裏付けを欠くから，採用できな」い，④「他に右主張事実を認めるに足る証拠はない」，これら4点のどこにも適用基準への言及はない。適用基準に触れる場合，**どのような判断基準が用いられたか**，また**判断基準ごとにどのような適用基準が採用されていたか**の確認も不可欠とされよう。

[731] 次に，**判断基準の形成過程についてはどのような評価が可能か**。民法通則58条1項3号を解釈すること自体，同号の適用を前提とする。それでは，**同号の適用を肯定できるか**。ここでは，同号の位置付けにつき再確認する必要がある。判旨は本件調解による「合意の効力，方式は，中国の法律による」と述べ，法例7条2項および8条2項前段をその根拠とする。留意されるのは，

第3部　和解金請求事件

調解の効力の判断基準と調解でなされた契約（和解）の効力の判断基準との関係如何である。両者の判断基準を同一視する立場ではこの点は争点にはなり得ないが，両者の区別の必要性を強調する立場では，これも触れるべき争点となろう。例えば，手続と実体とを区別し，前者（手続問題）は当該手続が行われる地の法に，後者は法例7条によるといった構成である。こうした構成が考えられるとすれば，この点についても判旨の構成が優先された根拠が明示される必要が生じよう。

[732]　判旨の主張はここにみたように主観的評価の羅列にすぎない。各争点につき示された判旨の解釈はどれも1つの選択肢ではあり得ても，それぞれが他の選択肢に優先する根拠はまったく示されていないからである。

4　本件保証承諾書による保証の合意について
[733]　最初に，判断基準の適用過程についてである。判旨は本件保証承諾書による保証の合意があったとみる。**この解釈の適否**を考えるにはそこでの**判断基準が何か**，その**判断基準の解釈基準は何か**，これらが解明されなければならない。判旨は中国法，特に中国民法通則56条，57条，89条1項を判断基準とするが，これらの適用基準には言及していない。以下，結論に近い方から行間補充を試みよう。結論を導くのは実質法の解釈である。それゆえ，**民法通則56条，57条および89条1号の適用結果が判旨の指摘通りか否か**が確認されなければならない。判旨は Y_2 による本件自白の撤回を認めていない。撤回を認めない根拠は，①「……本件保証承諾書……の約定の趣旨は，Y_2 に，本件調解において定められた債務の履行（支払）の責任を負わせたものと理解することが十分可能である」こと，② Y_2「が，原審において，本件保証承諾書の趣旨は，本件調解において定められた債務の履行の担保となる不動産等が，Y_2 の個人所有であったことから，同 Y_2 に右債務を個人保証してもらう趣旨のものである旨の証言をしていること等」，これらである。両者が累積的関係にあることは両者をつなぐ「上」という表現から判明しよう。それでは，①，②

の認定に至った判断基準は何か，またそれらの判断基準の適用基準は何か。

[**734**]　①については，判旨が触れる民法通則 89 条 1 号の他，同条 2 号も参照されなければならない（前掲 124 頁参照）。Y_2 の行為が 1 号と 2 号のいずれに当たるかは 1 つの解釈問題であり，判旨はどちらが適用されるかの根拠を明示する必要があるのに，判旨は 1 号に該当すると「理解することは十分可能である」と述べるのみで，そうした理解が可能だという点とそのように理解しなければならないという点とを必ずしも明確には区別していない。**理解できるか否かと理解しなければならないか否か**とは別の争点であり，可能性で必然性を代替することはできない。理解しなければならないという趣旨で「理解できる」と表現するにせよ，理解できる根拠（より正確にいえば，「理解しなければならない」根拠）が必要となるのは，XY_2 間にそうした**理解が可能か否か**をめぐり現に意見が対立しているからである。判旨は「理解できる」という一方の主張の再現にとどまり，客観的基準を示す中立の地位をみずから放棄していることとなろう。

[**735**]　②についても，判旨は Y_2 の原審での発言の趣旨を X の主張通りに認定するにとどまる。Y_2 の原審での発言をどのような意味で**理解すべき**かにつき当事者間に争いがあるのに，一方の当事者の主張に与するのみで理由を述べていない。判旨は自白の存在（このことは「Y_2 が，原審において，X の主張する，本件保証承諾書による保証契約の成立を自白したことは，事実に反するともいえず，Y_2 が錯誤により自白をしたものとも認めることができない」という表現から明らかである）を前提に，自白の撤回を否定する（この点も「Y_2 が，X に対し，本件保証承諾書によって，本件調解で定められた債務を保証したことは，当事者間に争いがない」という判旨から分かる）。けれども，**自白があったと見るべきか否か**に関する明確な判断基準がなければ，客観性のある判断を行うことはできない。それでは，**自白の有無の判定基準は何か**。この点は，裁判実務における慣行に求められるのかもしれない。

第3部　和解金請求事件

[**736**]　次に問われるのは，上記判断基準の形成過程についてである。第一の争点は，判旨がなぜ中国法のうち中国民法通則56条，57条，89条1号によると考えたかである。判旨は触れていないが，**規律対象が本件で解決を求められている法律問題であるか否かという基準**が考えられる。**当該法律問題に関わる規定が中国法上上記の規定以外にないか否か**を確認できれば，上記の問題は解決されよう。この点では，保証や抵当を定める担保法（前掲124頁）や「民法通則」の執行の貫徹に係る若干の問題に関する意見（前掲124頁）等も参照されるべきではなかったか。第二の争点は，**判旨が本件の判断基準を中国法に求めたのはなぜか**である。判旨は法例7条2項を適用し，「右保証契約は，中国においてなされた」ので，「行為地法」たる中国法を準拠法とする。**行為地法か否かの判断はどのように行われるか**。そのためには，行為地法の概念内容の解明が先決であろうし，上記判断基準の適用基準として，**行為地法によるか否かをどのようにして決定するか**も分からなければならない。「右保証契約は，中国においてなされた」との表現からは，契約がなされた地が行為地と理解されていた（行為地には契約がなされた地が含まれる）ともみられるが，行為地が多様な解釈の余地を残す抽象度の高い概念である以上，契約がなされた地のみが行為地でなければならないとは言い得ない。それゆえ，このような解釈を許容する判断基準が別に求められなければならない。これに対して，**行為地法に当たるか否かの判断基準，つまり法例7条2項にいう「行為地法」の解釈の際の適用基準が何か**について判旨は明言していない。

[**737**]　それでは，**法例7条2項によるのはなぜか**。同項の適用上，同条1項の解釈が先行する。けだし，1項により準拠法が決まれば，2項は適用されないからである。それでは，**なぜ法例7条1項を基準とすることができないのか**。それは，判旨が当事者間に準拠法の合意がないと判断したからである。しかし，同条1項の適用上まず検討されなければならないのが，1項の「**当事者ノ意思」の有無の認定基準は何か**である。**判旨がこの点をどのように考えていたかは判旨の文言からは分からない**が，講学上，当事者自治の説明に当たり，

— 148 —

明示の意思の他,黙示の意思や推定的当事者意思の存在も知られ,実務上の先例もあることを考慮すれば,本件でも,明示の意思がないだけで直ちに2項を適用することに代えて,黙示の意思等を探求する余地もあったかもしれない。このような選択肢があるとすれば,判旨にもなぜにこのような別の法律構成が**否定されなければならないか**の説明が求められよう。

[738] 更に,**保証の準拠法と主たる債務の準拠法との関係如何**も1つの争点となり得る。それは,保証の準拠法を主たる債務の準拠法と一致させる構成も考えられるからである(付従的連結)。この点は,**両者がともに中国法になるか否かに関わりなく検討される法律構成上の争点**である。最後に,**なぜ保証の準拠法決定基準が法例7条なのか**も問われよう。ここでも,**当該法律問題に関わる規定がこれ以外にないかの確認**が前提となる。法例7条による規律に違和感を抱くときは,保証は法例7条の単位法律関係には包摂されないとみることもできよう。これに対し,同条の単位法律関係への包摂に違和感を抱かないときは同条の適用が肯定されよう。

Ⅳ 要約と課題

[739] 判旨は,上述のように,法例7条2項および8条2項に基づき,中国の民事訴訟法および民法通則の諸規定を適用して,本件調解の手続法的効力を肯定するとともに,調解でなされた私法上の契約の効力をも実質・方式の両面に亘って認め,和解金の残額支払請求を求めるXの請求を認容した原判決を維持したように見受けられる(前述Ⅰ)。判旨の法律構成の概要とそこで補充され得る争点についても上述した通りである(前述Ⅱ・Ⅲ)。以上の整理から,読者にとっての今後の課題が明らかになる。日中の法制上類似の機能を有する制度を同じように取り扱う立場(機能的比較法)もある。調解と調停,保証と抵当等,**類似の概念がどこまで同一取扱になじむかは個別的事案に即してなお検討されなければならない**。

第 3 部　和解金請求事件

［第 3 部の演習問題］

(1)　本件では誰と誰との間でどのような内容の契約が締結されていましたか？
(2)　Ｘの請求の趣旨および請求原因（本件の訴訟物）は何でしたか？
(3)　あなたがＸの立場であれば，あなたはY_1らに何を求めますか？
(4)　Y_1らは抗弁として何を主張しましたか？
(5)　わが国の国内法を適用すると，本件にはどの規定が適用されますか？
(6)　日本の裁判所が中国の国家法を適用できるのはなぜですか？
(7)　日本の裁判所に本件の国際的裁判管轄権はありますか？
(8)　中国の人民法院に係属した事件について中国に国際的裁判管轄権はありますか？
(9)　Ｘが中国の調解のわが国での承認を求めた場合，あなたはどのような判断をしますか？
(10)　本件訴訟上の請求について判断するときの実体法上の先決的争点は何ですか？
(11)　上記(10)の争点間の関連性はどのようになりますか？
(12)　Ｘは日本で訴訟当事者となることができますか？
(13)　Ｘが行為能力を有するか否かの判断基準は何ですか？
(14)　中国の人民法院は本件契約の成否をどのような基準に基づいて判断しましたか？
(15)　調解は手続法上の制度ですか，実体法上の制度ですか？
(16)　保証と抵当との区別の基準は何ですか？
(17)　あなたは福岡高裁の本件判旨をどのように評価しますか？
(18)　第 7 章Ⅲに掲げた補充可能な争点についてあなたの意見を述べて下さい？
(19)　あなたがY_1らの弁護人であれば，あなたはどのような上告趣意書を書きますか？
(20)　Y_1らの上告に対し，あなたは最高裁判事としてどのような判決を出しますか？

第4部

座 談 会
――国際企業法務の体験――

　第1～3部は，国際取引の当事者間に生じた争いが裁判所で解決された場合である。実際の紛争回避・解決手段には企業の法務活動もある。そこで今回，総合商社の法務部に勤務されている野村啓介氏に，企業法務の実態と法的思考力の実践状況についてご経験を伺った。同氏もかつて「国際取引法」の受講生であり，その意味で我々は文化を共有する。多数の法実務書がある中で，この記事をあえて本書で取り上げる理由はここにある。

第4部　座談会

[事前準備]

(1) 我々に対して，事前に次のような課題が出された。それは「中央商事の法務部員であるあなたは，以下の案件について営業部から相談を受けた場合，何を確認しどのようなアドヴァイスをしますか」というものである。

> [事例][1]
> (1) 中央商事（東京・八王子）は米国のアパレル企業 A CLOTHING INC.（カリフォルニア州）（以下 A と略記）と，日本市場における「A」ブランド商品の独占製造販売権に関する契約を締結した。2002 年春夏からレディスウェアを中心に，総合的なライセンスビジネスを構築する。
> (2) A は毎月 500 ～ 1000 着の最新ラインをデザインして商業展開，国内外ともに店舗展開も盛んである。
> (3) 今回の契約では中央商事がマスターライセンシーとなり，レディスウェアを中心にバッグ，小物，サングラス，傘，スカーフ，マフラー，手袋などについて有力メーカーとサブライセンス契約を結ぶ。そして，2001 年春夏から市場展開に入る。
> (4) レディスウェアに関しては，直輸入品も併せて販売する。
> (5) 来春には都内に直営店もオープンする。
> (6) 今後順次展開アイテムの拡充を図り，3 年後には小売換算 50 億円の売上げに拡大する計画である。

(2) 我々の解答（確認事項）：法務部が契約書の作成に必要な情報。例えば，中央商事の事業全体における本契約の位置付けと目標，中央商事が許容できるリスク，契約の相手方 A について，A との力関係について，契約相手候補

---

1) 「ライセンス契約」，「ライセンサー」，「ライセンシー」，これらの用語も含め，「国際ライセンス契約」については，山内他『契約法』129 頁以下参照。

第4部　座　談　会

にAを選んだ理由，Aが契約相手候補に中央商事を選んだ理由，交渉の相手方がA内でどの程度の交渉権限を持つか，Aとの間で既に合意した事項があればその内容，等。

(3) 我々の解答（アドヴァイス事項）：営業部が決定不可能な一切の事項を明らかにし，法的な最低ラインを引くこと。例えば，社内情報の取り扱い上の注意，インサイダー取引の禁止等。

なお，野村啓介氏からは，事前事後に亘り甚大な御助力を賜った。ご多忙中にも拘らずインタビューに協力して下さった先輩の御好意に深謝するとともに，心より御礼申し上げたい。

仕事のはじまり（契約書の作成編）

——営業部への確認とアドヴァイスについて質問を出された趣旨は何ですか？

　この2つが法務部の仕事のはじまりだからです。業種や会社により異なりますが，商社の多くでは営業部ごとに担当の法務部員がついています。

——営業部が法務部へ問い合わせに来るのはどのような段階ですか？

　営業部からの問い合わせは色々な段階で来ます。大抵は，契約の交渉が進み営業ベースでの骨子（例えばロイヤルティーの額や各種の期間，会社が目標とする将来のブランド展開の範囲）が決まり，これから契約を作る段階で担当の法務部員に相談に来ます。

——相談に来た営業部員に対する我々の解答は通用しますか？

　大体正解です。整理すると，確認事項として特に3点あります。①営業ベースで決まっている基本的な契約の骨子についてです。これは中央商事がライセンサーに提案すべき契約条項の内容の基準となります。そして，②今後契約を進めていくにあたりライセンサーとライセンシーのどちらがドラフターになるかという点です。

——ドラフターは通常どのように決まりますか？

　当事者間の力関係で決まります。ブランドを扱う契約の場合はブランド会社が強いため，ほとんどの場合はライセンサーからドラフトの提供があります。

——3つ目の確認事項は何ですか？

　③許諾地域内における商標権の権利関係を調査します。例えば，ライセンス契約の対象商品が被服の場合，これは日本の商標分類で25類に入ります。そこで25類で「A」というブランドを抑えている人は誰なのか，特許庁で確認しなければなりません。

——なぜ調査の必要があるのでしょうか？

　商標権は登録を前提として発生する権利だからです。ライセンス契約を締結して権利の許諾を受けても，そもそもその権利がライセンサーに帰属していなければ，ライセンシーは実質的に権利行使することはできません。

——次に営業部員へのアドヴァイス事項ですが，我々の解答はどう評価されますか？

　みなさんの挙げた「法的な最低ラインを引くこと」，すなわち法律的に必ず遵守しなければならない点を

指摘することもその1つです。けれどもこれだけが法務部のアドヴァイス事項ではありません。むしろ実際には，本来は営業部で判断すべきともいえる営業面に関するアドヴァイス，営業部に対する社内手続の遵守の徹底，および最後に契約内容が果たして現実に守れる内容なのかをチェックすること，これら3点が中心になります。

ノウハウの活用

——なぜ法務部が営業面でのアドヴァイスをするのですか？

　法務部には先例やノウハウ（どういう場合にはどのような条項を使うか，何に気を付けなければならないか，等）が蓄積されているからです。

——営業面でのアドヴァイスというと，本件の場合には，具体的にどのようなものですか？

　例えば，本件において当面は被服のみの製造・販売を内容とするライセンス契約とする場合でも，会社が将来予定しているブランド展開の幅（［事例］(6)）を考慮して，いずれは他の分野でもライセンスの権利を行使できる可能性を留保しておくこと等が挙げられます。その可能性を契約書にうまく留保して表現しておくことは営業上大切な課題です。

——可能性の留保手段に何がありますか？

　法務部からは契約書条項の内容について提案をします。例えば「ライセンサーが本件許諾地域内で他の会社に権利を付与する場合，ライセンサーはライセンシーにその旨を通知する義務を負う」という条項や，あるいは更に踏み込んで，「ライセンサーが他の会社に他商品のライセンスを許諾することを希望する場合，ライセンサーはライセンシーに対してその契約内容を事前に通知する義務を負い，その事業内容をライセンシーが行う意思のある場合は，ライセンシーは当該他商品に関するライセンスをライセンサーより事前に通知された条件で取得できる」という，いわゆるファースト・リフューザル（First Refusal）条項です。

——他に考えられる条項は何でしょう？

　最近は，相手方ライセンサーが大ブランド会社により買収されることで，仲介役のライセンシーが排除されることを防ぐために，「相手先企業の経営母体の変更にはライセンシーの同意を要する」という条項を提案することもあります。また，海外でのライセンサービジネスの成功と日本でのライセンス契約の成功とが連動しているため，ライセンサー自身の営業努力義務規定も提案します。

——こうした営業面でのノウハウばかりが法務部に蓄積されているのですか？

あらゆる面のノウハウが法務部に集まります。社内での手続事項もその1つなのです。この種の案件についてはどのような申請をしてどこまで社内許可が必要なのかということもアドヴァイスします。

——3点目の「契約内容が果たして現実的に守れる内容なのかをチェックする」ということは当たり前のように思われますが。

常識を守るように導くのも法務の大切な仕事です。営業部が契約を取るのに急ぐあまり，細かい部分に目をつむり，当たり前のことを守れなくなることが少なくありません。実際に紛争が生じた場合には，このような細かな契約違反の事実の積み重ねが結果的に形勢を不利にしてしまうことが多々あります。当たり前のことですが，要注意です。

——営業部との関わり合いの中で温度差を感じることはないのでしょうか？

それはほとんどありません。法務部が示したより良い（会社に有利な）営業マターも含め，最終的にどの手法を採用するかは営業部が決めます。それでも，こうしたアドヴァイスが契約締結まで繰り返し行われていくので，最終的に法務部のアイデアは随分契約に反映されます。法務部も会社組織の一員ですから，会社の利益を重視したコスト感覚のあるアドヴァイスができなくてはなりません。

ドラフティング開始

——Aの信用調査，中央商事内での事業部ごとの役割分担を決めた上で，ドラフティング作業へと移ると思いますが。

そうです。ライセンサーがドラフターの場合，まず送付されて来たドラフトの中でも営業部と法務部それぞれで対処できるものとそうではないものとを分けます。その後法務部がカウンタードラフトを作成してライセンサーに返送します。ライセンシーがドラフターの場合は，営業部の意向を聞いて法務部がドラフトを作成し，ライセンサーに送付します。

——ドラフトの往復は何回くらいですか？

ドラフターがどちらであっても大体3，4回当事者間を往復し，修正が繰り返された後でサインをします。

——白紙の状態からドラフトを作成するのは非常に時間がかかると思います。法務部内に統一的な雛形はありますか？

一応雛形はありますが，それに対して各部員は経験や趣味に応じて手を加えています。法務部員は何百もの契約書を扱った経験があるからです。そのつど良い条項をファイリングしておけば短時間でより良いドラフトを作成することができます。

言葉の問題

――本件のように契約の相手方が外国企業の場合，契約書は英語だと思います。言葉の違いは契約のリスクに直結しませんか？

契約書が英語だということで問題が生じたり，言葉のギャップを感じることはほとんどないと思います。契約書の英文は基本的に名詞と動詞の繋がりだけで，曖昧な表現が少ないからです。それに，契約書に特有の語句の使い方や，条項の順序もある程度決まっています。独特の専門用語も多く難儀な面もありますが，経験を重ねることによって対応可能だと思います。

――条項は基本的に何から始まりますか？

重要なことから順に書いていきます。そのため，言葉の定義をした後は，まず「権利の許諾条項（Grant）」が，続いて権利の対象商品の製造に関する条項が来て，最後に一般条項が置かれます。在学中に英文の契約書を読んでみるといいでしょう。

――そうすると，契約書が英文でも全く心配はいりませんね。

そうとは限りません。言葉のリスクはなくとも，英文契約書の基礎には英米法の精神があるため，我々が持つ日本法の概念では理解し難い条項もあります。

――例えばどのような条項ですか？

契約書の一般条項として置かれる「契約譲渡制限条項（Non Assignment）」や「完全合意条項（Entire Agreement）」などがその例です。

――2つとも言葉の上では理解可能ですが。

でも，日本法には契約を譲渡するという概念がないので，それを制限する必要もないはずです。それが米国では，多くの州法により契約の相手方へ通知すれば譲渡可能となっています。そこで，契約書でわざわざ譲渡の制限を規定する必要があります。

――完全合意条項についても同じですか？

はい。完全合意条項の背景には米国の証拠法があります。本契約のもとで問題が生じた場合，本契約書の合意のみに証拠能力を持たせるためです。こうした背景は日本法の概念だけでは理解できません。

その他の注意点

――この他，何に留意しなければなりませんか？

当然，後に生じ得るトラブルをドラフト作成段階で未然に回避することです。

――本件ではどのような問題が生じ得ますか？

主に2点，トラブル発生要因があ

ります。1つはライセンス対象商品の商標権の権利関係があやふやな場合です。商標権は登録を前提として発生する権利なので，対象商品の商標権のうち一部でも他社に権利が帰属していれば，本契約でライセンシーに付与される権利も不安定なままです。そこで，ライセンシーの権利をどのように担保するかが問題になります。

――その場合，どのように問題を解決しますか？

解決手段の一例は，ライセンサーと登録会社との間に，問題となっている商標権の譲渡やライセンスを内容とする和解契約を締結させることです。その上で，ライセンサーとライセンシーとの保証条項に，本契約の対象となる商標権を契約期間中保持するライセンサーの義務を規定します。これでライセンシーの権利は担保されます。

――もう1つのトラブル要因は何でしょうか？

それは，サブライセンシーが製造した商品のデザインの権利はライセンサーとライセンシーのどちらに帰属するかという問題です。この権利はライセンサーの商標権とはまた別の著作権に関するものだからです。この帰属は大抵，当事者間の力関係で決まります。

――準拠法条項や合意管轄条項の適用範囲について意見の対立は生じませんか？

契約締結後に紛争が発生し，その解決が裁判所に持ち込まれた場合は，準拠法や合意管轄の適用範囲について争われることもあります。けれども，実務上契約書では準拠法を包括的に定めることが多く，契約準拠法の適用範囲を細分化して複数の準拠法を導入するケースは非常に稀だと思います。少なくともこれまで経験したことはありません。条項の表現も，「本契約にかかわる一切の問題についての準拠法は日本法である」というようになります。

――でも，我々の理解では，たとえ「準拠法は日本法である」と合意したとしても，その適用範囲についてはなお争点となり得ます。

国際取引法の受講生ならば抵触法の存在を知っていますが，世の中には抵触法を知らない弁護士も多くいます。仮に準拠法について細かく話し合おうとしても，相手に話が通じないことも多々あります。

――逆に抵触法を知っていれば，都合の良い準拠法や合意管轄を容易に定めることができるのに，なぜ細かく規定しようとしないのですか？

企業法務においては，第一に会社の利益を考えなければならないからです。理論的に争点となり得ることであっても，それらすべてに亘って細かく合意を結ぶことが会社の利益

につながるとは限りません。将来問題となる可能性が低い事柄であれば，時間をかけて合意を構築しても無駄になりかねないからです。少なくとも経験した範囲内では，準拠法の適用範囲を細分化して複数の準拠法規定を契約書に設けるメリットを感じたことはありません。

――それでは，契約の効力発生後，例えば，契約の相手方に支払能力不備の問題が生じた場合，信用調査会社に対して不法行為責任を追及できますか。

非常に難しいと思います。調査会社から送られるレポートには，情報の利用に関する責任のすべては利用者にあり，この情報から発生する一切の損害について調査会社は責任を負わない旨が一筆添えてあるからです。

法務部の機能について

――これまでのお話から，法務部は社内のノウハウのたまり場として機能していることがわかりました。

企業は，かつてのように債権回収や担保権の実行といった事故処理に法務部を活用するのではなく，ノウハウのたまり場として利用し，法務部に蓄積されている情報を積極的に経営戦略に取り入れています。

――それは具体的にどう現れていますか。

特に大型案件に関しては，契約交渉の始めから法務部に相談が寄せられるようになりました。つまり，法務部の意思が重要な営業面にも反映されるのです。

――そのような法務部の機能面での変化は，弊害を生じさせることはありませんか？

法務部に対する期待が高まれば，当然人材不足という問題が生じます。

――人材不足なら補充すれば解決されるのではありませんか？

それは難しいです。日本の社内教育はまだ伝統的な OJT（on the job training）に負っている部分が多く，法務部員の養成には時間がかかるからです。

――伝統的な OJT というと？

例えば私のケースでは，1，2年目は研修期間で先輩社員の指導のもと業務を行い，3年目になって初めて私の担当分野が渡されました。日々の業務に加えて，同僚や同業他社の法務部員との勉強会を通じて知識や経験を積み，6，7年目になると選ばれた人が米国の Law School へ留学するシステムになっています。

――部員を一人前に育て上げるには，こうした社内教育に時間もお金もかかりますね。

そのため，たとえ人材不足であっても自前教育にあてる時間もお金も

ないという理由で，悲しいことに部員を補充する動きにはなりません。

——反対に，自前教育が不要なら部員の補充が可能だと考えれば，人材不足の解消のために即戦力が要求されませんか？

その通りです。多少事情は異なりますが，米国の企業法務では大きな弁護士事務所等から部員をヘッドハンティングし，即戦力を補充するケースが多いようです。日本企業の深刻な人材不足を考えれば，自前教育から米国流へ変わっていくかもしれません。

法的思考力の重要性

——人材不足を他の手段で補えませんか？

たとえ人材不足でも社会秩序維持の一端を担う法務部にとって，一般的に法的リスクへの意識が高まれば，企業内部から生じる法的処理が減ります。その分法務の仕事が減少するので人材不足の問題は緩和されるかもしれませんね。

——どうすれば一般的に法的リスクへの意識が高まりますか？

それには法務部以外の社員，特に営業部に対する法務教育が重要です。

——法務教育を施せば，どのような効果が現れるのでしょうか？

営業部が法的知識や思考力を少しでも身に付ければ，リスクを予期して早めに法務部へ相談に行くことができます。そうすることでリスクの回避が容易になります。更に，営業部の経験が蓄積されることで法務部のチェックがなくとも安全に契約を締結できるようになります。

——どのような法務教育が施されていますか？

大きく2つあります。その1つが法律の内容自体の説明です。

——具体的に何を説明するのでしょうか？

例えば重要な法改正があったときに講習会を開いてその啓蒙を図ります。また，外国企業との契約締結が増加している現在では，英文契約法の基礎講座の必要性も高まっています。

——もう一方はどのような社内教育ですか？

遵法経営を浸透させるために研究会を開催します。

——なぜ特に遵法経営を強調するのですか？

昨今の株主代表訴訟にみられるように，いかに会社が法的な問題を回避するための努力を尽くしたかということが，重要になっているからです。

——そうすると，全社員に一定のリーガルマインドが要求されてしまいますが．

法務部に期待される機能が増えれば増えるほど，職種を問わずリーガルマインドの必要性は高まっていると言えます。

在校生へ一言

――法務に興味を持った在校生もいるかと思います。法務部員としてどのような人材が求められますか？

3つあります。それは，generalな判断力，多様な考え方を示す力，および人材不足を補う即戦力，これらです。

――法務部員というと，法に精通したspecialistというイメージがありますが，なぜgeneralな判断力が必要なのですか？

それは，企業内法務は司令塔にならなければならない場合があるからです。例えば，訴訟になった場合，会社は訴訟のため代理人を起用しています。その上で会社の方向性を考え，色々な弁護士に指示を出す方にまわります。

――では，多様な考え方はなぜ必要なのですか？

法的な答は1つではないからです。できるだけ多様な選択肢を示し，より良い解決方法を営業部が選択できるようにするためにも，1つの解決方法に固執していたのでは優れた法務部員とは言えません。

――generalな判断をし，多様な考え方を打ち出すために必要な能力は何ですか？

目指す水準に応じて，それだけ多くの知識も必要となります。契約書を正しく理解し作成するには読解力や文章表現力も要求されます。企業を買収しようとすれば相手先企業の価値を測るために貸借対照表などの数字にも精通していなければなりません。国内の法律についても民法，商法に関する幅広い知識の他に，行政法に対する知識も大切です。

――行政法というと民間企業には関係が比較的薄いのではないかというイメージがあります。行政法の知識はどのように活用されるのですか？

行政の規制は見落としがちです。例えば輸入をする場合，商品が香水なら薬事法が関わってきます。

――行政法を見落として実際にトラブルが発生したことはありますか？

例えば，フランスのジャムを輸入したときです。ジャムの瓶には200gと表示されているにも拘らず，実際量ったらこれに達していませんでした。この誤差はフランス法上は許容される範囲内だったのですが，日本の計量法上許容されている誤差を上回っていました。これは，フランスと日本でルールが違っていたため起きた問題です。いわば盲点ではありましたが，この規制に関する知識が法務部や営業部に少しでもあれ

ば，機転を働かせて所轄の官庁や同業他社へ問い合わせることができたはずです。

――こうした能力を養うために，国際取引法の授業で学んだことは役立ちましたか？

もちろんです。授業で考えた事例のようなことが実際の社会でも起きています。そうした事例について様々な解決方法を模索したことは，柔軟に考えられる能力を培うのに大変有用でした。

――法務部員以外でも一般的にリーガルマインドが要求されるなら，これらの能力は社会人として必要なこととも言えますね。

その通りだと思います。これまでの話で企業法務の実態と法的思考力の実践状況についてイメージがつかめたのではないでしょうか。

――はい。**実務と理論との間にはいくつかの点で違いがあることがわかりました。また，社会人としてのリーガルマインドの重要性も実感しました。**

実務上であっても理論上であっても，多様な考え方を打ち出し，より良い方法で問題の解決を図っていくという点で，社会人として法的思考力の重要性が高いことは基本的に変わりません。将来どのような道へ進む人も，「国際取引法」の授業や「国際企業法」のゼミで培った法的技術に満足することなく，この技術をより一層磨くことを期待しています。

事項索引

ア 行

異同の確認　116
異同の確認基準　117
英文契約書　157
Entire Agreement　157
OJT　159

カ 行

カウンタードラフト　156
完全合意条項　157
機能的比較法　149
行政裁判所　74
金員支払請求原因　26
Grant　157
契約譲渡制限条項　157
結果選択的アプローチ　135
憲法76条3項　37
権利の許諾条項　157
合意管轄条項　158
公的資金　111, 112
公法的法律関係　78, 82, 90, 102, 111, 113, 118
「公法」と「私法」の区分　82
公法の属地性　89, 118
公法の抵触問題　118
国際取引法　viii
国際ライセンス契約　152
国賠訴訟の法的本質論　115
国賠法の場所的適用範囲　90
国家の公法的行為　112
国家無答責の原理　78, 81, 84, 90, 93
国家無答責の法理　73, 74

サ 行

サヴィニー型国際私法　82
サヴィニー型国際私法観　91
サヴィニー型国際私法の解釈　92
裁判権　112
サブライセンシー　158
時効取得　8, 22
自主的比較法説　95
実質法レベル　92
司法裁判所　74
私法的法律関係　82, 102, 114
司法の空洞化　119
従属抵触規定　vii, 143
取得時効　12, 30, 32, 41, 43, 54
準拠法条項　158
違法経営　160
商標権の権利関係　154, 158
先決問題　69
先決問題の準拠法　59, 60, 62, 63
先決問題の存在　68
先決問題の定義　60, 62
先決問題不存在説　64, 69
前提問題　46, 55, 69
前提問題の解決基準　47
前提問題の準拠法決定基準　56
占有権の効力に基づく請求権　27
相続回復請求権の消滅時効　8, 13, 24

タ 行

建物に対する持分　8, 10, 22, 30, 31, 54, 55
調解においてなされた契約の効力　129, 133, 144
調解の形式的成立要件（方式）　138
調解の合意の実体法的効力　131
調解の合意の手続法的効力　131
調解の合意の方式（形式的効力）　131
調解の効力　128, 131, 141
調解の実体に関する実質的成立要件　135, 137
賃料相当損害金支払請求　41

— 163 —

事項索引

抵触法レベル　92
手続は法廷地法による　22, 56, 143
tertium comparationis　vi
独立抵触規定　vii, 143
ドラフター　154
ドラフティング　156
ドラフト　154

　　　　ナ　行

ノウハウ　155
Non Assignment　157

　　　　ハ　行

判断基準の形成過程　54, 66, 67, 83, 118, 132, 134, 137, 138, 139, 141, 142, 145, 148
判断基準の形成基準　vi
判断基準の適用過程　54, 55, 66, 67, 68, 132, 133, 134, 137, 138, 139, 141, 144, 146
判断基準の適用基準　vi
比較対象物の特定　116
比較対象物の特定基準　116
比較対象物の内容確認　103
比較の第三項　vi, 55, 56, 68, 90, 92, 115, 117, 130
ファースト・リフューザル条項　155
First Refusal　155

不当利得に基づく返還請求権　27
不法行為に基づく損害賠償請求権　27
法廷が手続を支配する　114
法廷地国際私法説　62, 67
法的思考力　160
法による裁判　37
法務部の機能　159
法例の解釈基準時　93
法例の規律対象　81, 82, 83
法例の制定過程　83
保証の合意　128, 134, 146
保証の準拠法　149
本問題　46, 55, 62
本問題準拠法所属国国際私法説　62, 67
本問題準拠法説　62, 67

　　　　マ　行

マスターライセンシー　152
民事調解　122
最も密接な関係の原則　95

　　　　ラ　行

ライセンサー　154
ライセンシー　154
リーガルマインド　160
立法者意思　93
立法政策　113

執筆者紹介（担当部分）

山内　惟介　中央大学法学部教授（第7章）
倉橋　春菜　2001年3月　中央大学法学部国際企業関係法学科卒，現在，アジレント・テクノロジー株式会社勤務（第1章，座談会）
田中　沙智　中央大学法学部国際企業関係法学科在学（第2章）
柴田　美幸　2001年3月　中央大学法学部国際企業関係法学科卒，現在，花王株式会社勤務（第3章，座談会）
髙橋真美子　2001年3月　中央大学法学部国際企業関係法学科卒，現在，国家試験受験準備（第4章）
三枝　千菊　2001年3月　中央大学法学部国際企業関係法学科卒，現在，三井住友銀行勤務（第5章）
浅利　朋香　2001年3月　中央大学法学部国際企業関係法学科卒，現在，中央大学大学院法学研究科国際企業関係法専攻博士前期課程在学（第6章，座談会）
野村　啓介　1997年3月　中央大学法学部国際企業関係法学科卒，現在，伊藤忠商事株式会社勤務（座談会）

実践　国際取引法

2001年8月10日　初版第1刷発行

著　者　　山　内　惟　介
　　　　　浅　利　朋　香
　　　　　倉　橋　春　菜
　　　　　三　枝　千　菊
　　　　　柴　田　美　幸
　　　　　髙　橋　真美子
　　　　　田　中　沙　智
　　　　　野　村　啓　介

発行者　　中　央　大　学　出　版　部
　　　代表者　辰　川　弘　敬

東京都八王子市東中野742-1
発行所　中　央　大　学　出　版　部
電話 0426(74)2351　FAX 0426(74)2354

© 2001〈検印廃止〉　印刷・大森印刷／製本・法令製本

ISBN4-8057-0708-9